JN074173

ESSENCE of ACCOUNTING

# 会計学エッセンス

第5版

**内藤文雄** 著
Naito Fumio

中央経済社

# 第5版の刊行にあたって

　「授業の復習のためにテキストが欲しい」との学生の要望を受けて誕生した本書も第5版を数えるまでになりました。初版以来，本書が多数の読者を得られたことに感謝したいと思います。

　会計学の入門テキストとして内容が大幅に変化することはありません。しかし，会計をめぐるグローバルの動きは継続しており，それに対応して，わが国のディスクロージャーは年々拡充されているといっても過言ではありません。

　そこで，第5版では，全編にわたって説明用語を再確認し，変更となった会計ルールへの対応や最新のデータでの事例に更新するとともに，理解しやすさを念頭に一部，説明を拡充しました。

　また，本書は，会計学の基本を理解するために必要な知識を解説していますが，それだけにとどまりません。本書での基礎知識をもとに，企業の経営を会計の視点から分析することへの役立ちもねらっています。そこで，第5版では，「会計情報を用いて企業経営を分析するために」として，本書の全体像をわかりやすく解説した部分を最初に設けました。

　本書が会計学や企業のディスクロージャーを理解し，読者みなさんの分析の基礎として利用されることを願ってやみません。

　2021年11月3日

　　　　　　　　　　　　　　　　　　　　　　　　　　　内　藤　文　雄

# はじめに

　「授業の復習のためにテキストが欲しい」。このような“会計学総論”履修生の要望が多数あり，今回本書を出版するに至りました。本書は，“会計学総論”での講義ノートをもとに作成しています。

　会計学の入門書として類書にも多数の優れたテキストが出版されていますが，それらと比較すると，本書は財務諸表を利用することに重きをおいて解説している点で異なります。

　会計学，特に財務会計では，財務諸表を作成する側面について解説するテキストが多数です。本書は財務諸表を利用する側面について解説することを目的としていますので，財務諸表を作成する側面については多くを語っていません。しかし，最小限，財務諸表を理解するのに必要な会計ルールなどには言及しています。

　本書では，財務諸表の利用側面を扱っていますから，企業経営者が自社の業績を評価するために財務諸表を利用して分析することも解説内容に含まれています。つまり，財務会計だけでなく，管理会計的な要素についても説明し，“会計学総論”のためのテキストとして構成しています。

　このため，書名は「会計学」を初めて学ぶビギナーズが理解しておくべき「エッセンス」をまとめているという意味で『会計学エッセンス』としています。

　みなさんもパソコンのソフトウェアを利用していると思います。ソフトウェアにも作成する側面とそれを利用する側面の2側面があります。

　ソフトウェアを利用し尽くす，より高度に利用するためには，ソフトウェアがどのような設計思考で作成されているかを知ることが大切です。

　これと同じように，財務諸表を利用する場合にも，財務諸表を作成する会計ルールを熟知しておくことが望ましいといえます。本書で財務諸表に対する関心を持ち，財務諸表を作成する側面の学習へと深めていっていただければと思います。

　みなさんが本書を読み進めると，財務諸表の利用の側面では，財務諸表デー

タを用いた各種の財務比率を計算することに目的があるように感じるかもしれません。

　しかし，そういうことではなく，財務比率の計算結果を根拠として，企業経営の問題点（経営課題）を明確にし，問題点を解決するための提案（経営改善策）の実行可能性と達成可能性を推測することにねらいがあります。

　本書は，全15章です。大学での半期15回の授業にも，通期または半期30回の授業にも，いずれにも利用可能な構成としています。

　各章には「知識確認問題」を，また，付録として「総合演習問題」をつけていますので，本書を自習する場合にも専門知識を確認してもらえると思います。

　特に，「総合演習問題」については，株式会社 中央経済社のホームページ（http://www.chuokeizai.co.jp/）に解答例を掲載しています。問題を各自で解いたのちに参照してください。

　本書の企画は，数年前に遡ります。所属大学での役割などもあり，出版が予定より大幅に遅れましたが，株式会社 中央経済社 取締役常務 小坂井和重氏のあたたかいまなざしのおかげで今日の日を迎えることができました。また，校正にあたり，同社スタッフの的確な作業に大変助けられました。同社の皆様方に紙面をお借りして心からお礼を申し上げたいと思います。

　　　2013年 7 月25日

　　　　　　　　　　　茅渟の浦風のおだやかな岡本にて

　　　　　　　　　　　　　　　　　内 藤 　文 雄

# 目　　次

## 第1部　会計学と財務情報

## 第2部　財務諸表の構成

## 第3部　財務諸表分析による企業分析

もう一歩進んだ理解のために

---

　　　－「知識確認問題」・「総合演習問題」のご案内－
「知識確認問題」・「総合演習問題」とその解答例を，㈱中
央経済社のホームページの本書の紹介欄に掲載していま
す。学習の確認などにご活用ください。

# 会計情報を用いて企業経営を分析するために
## －本書の全体像－

　本書は，会計学のテキストですが，会計情報を用いて，企業経営を分析することを念頭に解説しています。そこで，はじめに，本書の全体像を簡略に説明します。

　企業経営を分析するためにやるべきことは何でしょうか。これを考える前に，「企業経営」，「企業を経営すること」の意味を確認します。

## 企業経営

　企業は大別すると，営利を目的とする企業（営利企業）と営利を目的としない企業（非営利企業）があります。違いは，何らかの事業活動を行って，利益（儲け）を大きくすることを目的とするかしないかです。

　営利企業の場合，事業活動によって利益を十分に獲得して，その利益をつぎの新たな製品や商品，サービスを生み出すことにも利用します。

　非営利企業の場合，利益の代わりに，社会貢献を目的として，最低限，企業を維持できるだけの利益があればよいと考えます。

　利益を目的とするかどうかにかかわらず，事業活動を行うためには，資金（カネ）が必要ですし，資金で得た財産をうまく利用して事業活動を行う必要があります。「うまく利用」できなければ，財産はあっという間になくなってしまい，事業活動を継続できません。

　簡単な例で言うと，事業活動に携わる従業員に対する給料は多ければ多いほど喜ばれますが，企業としては，給料支払いの負担は大きく，給料をできる限り多く支払ってしまった結果，借りたお金の返済期限

が来たときに必要なお金が足りなくなると，保有している財産を売却してお金に替え，借金を支払う必要が出てきます。財産を売却してしまうと事業活動を続けられなくなるかもしれません。

　資金，資金で得た財産，これらをうまく利用できていなければ，営利企業も非営利企業も倒産してしまう可能性が大きくなります。
　そうすると，企業を経営するとは，営利企業であっても非営利企業であっても，「**入手した事業活動資金とそれによって購入した財産を，事業活動に効果的かつ効率的に利用して，事業活動を継続するように運営すること**」を意味しています。とくに，営利企業の場合には，資金と財産をうまく利用して，事業活動による利益をより多く獲得して，「**得た利益をもとに，さらに新たな事業にチャレンジし，企業を成長させること**」も大切です。

　それでは，企業経営を分析する道筋を考えましょう。

　本書は，会計情報にはどのようなものがあり，どこから入手できるか，どのような情報の内容か，会計情報を利用すれば，企業のどのようなことがわかるか，企業の価値はどう算定するかなどを説明しています。これらのことは，企業経営を分析するのに役立ちます。
　詳細は，各章を読んで理解を深めてほしいのですが，それに先立ち，会計情報を用いて，企業経営をどのように分析するのかについて，つぎの4つの一連の手順を説明します。

1．会計情報を入手する
2．会計情報を理解する
3．会計情報を用いて企業経営を分析する（基本）
4．会計情報を用いて企業経営を分析する（応用）

# 1 ■会計情報を入手する

　どのような場合でも同じですが，各自が関心のあることがらを調べ，分析するためには，なんらかのデータや資料，情報が必ず必要です。こういったものなしに調査したり分析することは，全く創造的に物語を作ったり，空想の世界を描くことになります。創造的に，現実の世界と全く異なる未知の世界を描くことは素晴らしいことです。しかし，それは科学的ではなく，正しさは問われません。

　これに対して，企業経営を分析する場合，空想では困ります。現実の経営をいかによりよい経営に導くのか，なぜそうすることに意味があるのかを調査し，分析した結果が，実際に役立ちを持たなければ無意味だからです。意味があるように調査し，分析するのに，データ，資料，情報は必ず必要です。

　企業経営を分析するために使用するデータ，資料，情報は際限なくあると言ってもよいでしょう。そのなかから，各自が調べたいことに必要なものを選択する必要があります。選択する場合に重要なのが，

　　**目的適合性**：各自の調査・分析の目的に直接関連していること
　　**信　頼　性**：うそ偽りがない正しいものであること

の2点です。データ，資料，情報は，それぞれの目的適合性と信頼性の程度がさまざまに異なります。その程度を各自で見極め，その選択を誤らないようにしなければいけません。

会計情報

　会計情報は，企業経営を分析するうえで，基本的に大切な情報です。
　会計情報は，財務情報の1つです。
　「財務」とは，事業活動に必要な資金を調達したり，運用して増や

したりすることです。

　「会計」とは，複式簿記を用いて事業活動を貨幣的に記録し，決算を通じて財務諸表にまとめ，利害関係者に伝達することです。資金を調達し，運用した結果，決算日時点でどうなっているかを明らかにするのが会計です。つまり，資金の過去と現在（決算日）の調達と運用の状況を扱うのが会計です。

　これに対して，財務は，会計の役割に加えて，将来の資金の調達と運用をどうするかも含まれます。会計は，過去と現在の資金の調達と運用の状況を記録し，情報にまとめる役割であるのに対して，財務は，過去・現在・将来の資金の調達と運用の具体的な取り組みを管理する役割を担っています。

　したがって，会計に関する情報，すなわち，会計情報（その代表が**財務諸表**）は，財務に関する情報（財務情報）の１つなのです。

　財務諸表には，基本的な３種類の財務表があります。

　　貸借対照表
　　損益計算書
　　キャッシュ・フロー計算書

　これら以外にも，株主資本等変動計算書などがありますが，企業経営を分析するうえで，これら３種類の財務表が重要です。

　財務諸表も情報ですから，目的適合性と信頼性を確認しておかなければなりません。各自が知りたい企業経営のポイントに直接関連しているかどうか，それは正確で信用できるのかを常に意識して検討してください。目的適合性と信頼性の程度は，財務諸表がどこで入手可能かによって異なりますし，どのような会計ルールで作成されているか，公認会計士による監査を受けているのかなどによっても異なってきます。

　この検討の必要性は，財務以外に関する情報（非財務情報）でも同

様です。

　情報が役に立つかどうかを確認するポイントの目的適合性と信頼性の観点を整理すれば，つぎの図表のように整理できます。

| | 財務情報 | 非財務情報 |
|---|---|---|
| 目的適合性 | 高 | 高 |
| 信頼性 | 監査あり：高<br>監査なし：低 | 監査あり：高<br>監査なし：低 |

（注）　監査の有無で信頼性の高低を記載していますが，「監査なし」の場合，全く信頼できないということではなく，「監査あり」の場合に比較して低いという意味です。

　それでは，会計情報はどこから入手できるのでしょうか。営利企業の場合を前提として整理します。

　営利企業が作成する会計情報・財務諸表は，**有価証券報告書**・四半期報告書や株主総会招集通知の添付書類に掲載されています。これ以外にも多数の報告書等に掲載されていますが，ここでは，代表例として有価証券報告書を取り上げます。

　有価証券報告書は，つぎから入手可能です。

　　EDINET（金融庁の Website：金融商品取引法に基づく有価証券
　　　　　　報告書等の開示書類に関する電子開示システム）
　　各社の Website（「投資者・株主情報」，「IR 情報」など）

　有価証券報告書は，**金融商品取引法**という法律によって作成・開示が規定されている報告書ですから，証券取引所に上場している企業（上場会社：その株式や社債券を証券取引所で売買している会社）は，毎年 1 回，必ず有価証券報告書を作成し，金融庁に提出して開示しなければなりません（**法定開示**）。

　財務諸表は，有価証券報告書の「第 5　経理の状況」に掲載されています。

企業情報

　有価証券報告書には，財務諸表（会計情報，財務情報の1つ）以外にも多数の重要な企業経営に関する情報（企業情報，非財務情報）が掲載されています。これをみれば，営利企業とそのグループ全体のことがほとんどわかります。詳細は，第4章で解説しています。

　これ以外にも，企業経営に関する情報（財務・非財務情報）が公表されています。企業各社のWebsiteでは，つぎのような名称の報告書が公表されています。

> コーポレートガバナンス報告書（適時開示）　　決算説明資料
> アニュアルレポート（年次報告書）　　統合報告書
> サステナビリティレポート　　ESGレポート　　CSR報告書
> 環境報告書　　株主通信　など

　これらは，適時開示（証券取引所が上場会社に対して要請している情報開示）のコーポレートガバナンス報告書以外は，企業が自由に公表する情報（任意開示）ですから，上記の報告書やレポートのすべてが企業ごとに必ず公表されているわけではありません。

　これらの企業情報のうち，SDGsやESG投資の観点から，統合報告書やサステナビリティレポートに注目が集まっており，これらを公表する上場会社も年々増加しています。

　これらの企業情報は，各社のWebsiteの「投資者・株主情報」や「IR情報」といったバーナーに掲載されています。IRとは，Investor Relationsの略で「投資者向けの広報」，つまり，投資者へのPRのことです。

　企業経営を分析するうえで，会計情報（財務情報）は必須ですが，これに加えて，会計情報以外の企業情報（非財務情報）も利用するとよりよい分析ができます。

　企業が発信している財務・非財務情報を整理したものがつぎの図表です。

| 企業発信情報 | 財務情報 | 非財務情報 |
|---|---|---|
| 法定開示 | ・有価証券報告書/四半期報告書の財務諸表（連結・単体） | ・有価証券報告書/四半期報告書の財務情報以外 |
| | ・計算書類（単体・連結） | ・事業報告 |
| 適時開示 | ・決算短信(連結・四半期) | ・決算短信添付書類 |
| | | ・コーポレートガバナンス報告書 |
| 任意開示 | ・決算説明資料<br>・アニュアルレポート<br>・統合報告書<br>・サステナビリティレポート<br>・ESG レポート<br>・CSR 報告書<br>・環境報告書<br>・株主通信　など | 左記報告書・レポートの財務情報以外 |

# 2 ■会計情報を理解する

　会計情報を用いて企業経営を分析するために，会計情報の代表である3種類の財務表を理解しておきましょう。

## 3つの基本的な財務表

　貸借対照表，損益計算書，キャッシュ・フロー計算書が3つの基本的な財務表です。

　それぞれの作成目的は，つぎのように整理できます。

貸借対照表：決算日時点での財政状態を示すこと

損益計算書：決算日に終わる過去 1 年間の経営成績を示すこと

キャッシュ・フロー計算書：決算日に終わる過去 1 年間のキャッ

シュ・フローの状況を示すこと

決算日

　決算日とは，事業活動資金の調達と運用がどのような状態になっているかを算定し，決定する基準となる日，また，この日に終わる過去 1 年間の事業活動の結果，どれほどの利益を得たのか，それとも損失を出したのか，あるいは，キャッシュがどのように増減したのかを算定し，決定する基準となる日です。

　なお，決算日というと，通常は，過去 1 年間の事業活動期間の最終日です。これに対して，過去 3 カ月間の場合，四半期決算日，過去 6 カ月間の場合，中間決算日と呼びます。

貸借対照表

　貸借対照表は，決算日の財政状態を表示しています。財政状態とは，決算日時点において，事業活動の資金をどこから調達してきて，どのように運用しているかの一覧表です。

　一覧表の右側には，調達してきた事業活動資金の出所（調達源泉）が負債と純資産の 2 区分で示されています。負債は将来に返済しなければならない資金の出所（たとえば，銀行からの借入金），純資産は返済の必要のない資金の出所（たとえば，株主からの資本金や過去の利益の貯金（剰余金））をそれぞれ意味しています。

　負債は，決算日後 1 年以内に返済しなければならない流動負債と，1 年を超えて返済すればよい固定負債とに分類されます。

　純資産は，株主が出資してくれた分（資本金と資本剰余金）とそれ

を元手に儲けて貯金している分（利益剰余金）を合わせた**株主資本**と，これ以外のその他の純資産（評価・換算差額等と新株予約権）とに分類されます。

　貸借対照表の左側には，資金を何に使っているのか（運用形態）の明細を**資産**として示しています。調達してきた資金額とそれを使っている資産の金額とは，当然ながら一致しています（貸借一致）。
　資産は，その利用によって，将来にその金額以上のキャッシュが流入（キャッシュ・インフロー）してくる価値のあるものです。決算日以後1年以内にキャッシュ・インフローが見込まれる流動資産と，決算日以後1年を超えて使用する固定資産とに分類されます。これら以外に，適正な利益計算に必要なものとして繰延資産が貸借対照表に記載されている場合もあります。

　今年度の決算日の資産金額（負債と純資産の合計額と一致）が，昨年度の資産金額より増加していれば，増加額が利益（「黒字」と言います）を表しています。逆に，減少していれば，減少額が損失（「赤字」と言います）を表しています。

　以上の貸借対照表の構成を図解したものがつぎの図表です。

## 貸借対照表

（令和○○年○月○日）

（会社名）　　　　　　　　　　　　　　　　（単位：百万円 or 千円）

| 資産 | | 金額 | 負債・純資産 | | | 金額 |
|---|---|---|---|---|---|---|
| 流動資産 | 当座資産 | ○○○ | 負債 | 流動負債 | | ○○○ |
| | 棚卸資産 | ○○○ | | 固定負債 | | ○○○ |
| | その他流動資産 | ○○○ | 純資産 | 株主資本 | 資本金 | ○○○ |
| 固定資産 | 有形固定資産 | ○○○ | | | 資本剰余金 | ○○○ |
| | | | | | 利益剰余金 | ○○○ |
| | 無形固定資産 | ○○○ | | | 自己株式 | －○○○ |
| | 投資その他の資産 | ○○○ | | その他の純資産 | 評価・換算差額等 | ○○○ |
| 繰延資産 | | ○○○ | | | 新株予約権 | ○○○ |
| 資産合計 | | ○○○ | 負債・純資産合計 | | | ○○○ |

損益計算書

　貸借対照表の資産金額の期間比較によって，利益を得たのか，損失になってしまったのかの区別はできますが，それがなぜそうなったのかはわかりません。そこで，純資産を増加させる原因となったものを**収益**，純資産を減少させる原因となったものを**費用**として把握して表にまとめて，収益と費用との差額として利益（収益＞費用の場合），損失（収益＜費用の場合）を算定します。ただし，純資産そのものを増減させる取引は含まれません。この表が損益計算書です。

　損益計算書は，会計期間の経営成績を表示しています。経営成績とは，決算日に終わる過去1年間の事業活動により，どれだけ収益を上げ，そのためにどれだけの費用をかけたのかの状況です。収益と費用との差額が利益または損失ですから，経営成績は，利益や損失で判断

できることになります。

　これは，大学での学業成績が，授業科目の評価で表されるのと同じです。利益の金額がとても大きければ大学での「秀」でしょうし，逆に損失の金額がとても大きければ「不可」です。

　このように考えますと，企業経営成績は，収益や費用がどのように変化したかで，いろいろなパターンが考えられます。つぎはその一部のパターンです。

| パターン | a | b | c | d | e | f |
|---|---|---|---|---|---|---|
| 収　益 | ⬆ 増加 | ➡ | ⬆ | ⬇ | ⬇ | ⬇ |
| 費　用 | ➡ 変化なし | ⬇ 減少 | ⬇ | ⬆ | ➡ | ⬇ |
| 利　益 | ⬆ | ⬆ | ⬆（増加大） | ⬇（減少大） | ⬇ | ➡ |

　たとえば，「パターンa」では，今年度の収益が前年度に比べて増加，費用は同程度で変化なしであれば，利益は増加します。他のパターンも同様にみてください。ただし，「パターンc」と「パターンd」は，利益を増加または減少させる程度が他のパターンよりも大きい場合です。また，これらのパターン以外の組み合わせもあります。6種類のパターンだけではありません。

　企業を分析するとき，複数年（たとえば5年間）の変化をみれば，その企業の経営成績がさらによくなっているのか，逆に，悪化傾向にあるのか，それらの原因は，収益の問題なのか，費用の問題なのか，あるいは，両者の問題なのかを読み取ることができます。

以上の損益計算書の構成を図解したものがつぎの図表です。

## 損益計算書

（自　令和○○年○月○日　至　令和○○年○月○日）

(会社名)　　　　　　　　　　　　　　　　　　　　　（単位：百万円 or 千円）

| 費　　用 | 金額 | 収　　益 | 金額 |
|---|---|---|---|
| 売上原価 | ○○○ | 売上高 | ○○○ |
| 販売費及び一般管理費 | ○○○ | | |
| 営業外費用 | ○○○ | | |
| 特別損失 | ○○○ | | |
| 法人税等 | ○○○ | | |
| 当期純利益 | ○○○ | 営業外収益 | ○○○ |
| | | 特別利益 | ○○○ |

キャッシュ・フロー計算書

　キャッシュ・フロー計算書は，会計期間のキャッシュ・フローの状況を表示しています。キャッシュ・フローの状況とは，決算日に終わる過去1年間において，キャッシュがどのように動いたのか，つまり，企業にキャッシュが入ってきたのか，それとも出て行ったのか，それらの明細のことです。「入ってきたキャッシュ」（キャッシュ・インフロー）が「出て行ったキャッシュ」（キャッシュ・アウトフロー）より多ければ，キャッシュは増加することになります。

　キャッシュとは，現金と現金同等物です。現金は，みなさんの財布にあるお札や硬貨に加えて，当座預金，普通預金などです。現金同等物は，現金と同様に，容易に支払いに使える換金可能性の高い，価値の変動のリスクが小さい，満期が3カ月以内の定期預金や譲渡性預金，コマーシャル・ペーパーなどです。

　キャッシュが潤沢にあればだれでも嬉しいのと同様に，企業も十分なキャッシュを確保しておく必要がありますから，キャッシュ・フロー計算書をみれば，十分にあるかどうかがわかります。
　利益が出ていても，返済しなければならない期限がきた借金を返すだけのキャッシュがなければ，企業が倒産してしまうことになりかねません（黒字倒産）。そのようなリスクがあるかどうか，キャッシュ・フロー計算書で確認できます。

　また，キャッシュは，事業活動にともなって生み出されますから，主たる事業が順調であればキャッシュ・インフローが多くなります（営業活動によるキャッシュ・フロー）。そうして得たキャッシュを，将来の生産活動の増強のために設備に投資したり，他の会社の株式や社債券を購入するなど，金融投資を行い，キャピタル・ゲインを得たりすることに使います（投資活動によるキャッシュ・フロー）。両方のキャッシュ額を比較して，なお余剰額があれば，財務活動によってキャッシュを借金返済に回し，不足する場合には，新たに借入れをおこしたり，自社の社債を発行してキャッシュを得ます（財務活動によるキャッシュ・フロー）。
　決算日に終わる過去1年間の会計期間でこれら3種類のキャッシュ・フローがあって，最終的に，決算日時点でのキャッシュの残高（**現金及び現金同等物の期末残高**）が表示されますが，この金額は，貸借対照表の「現金・預金」とほぼ一致します。差がある場合は注記

で説明されます。

　以上のキャッシュ・フロー計算書の構成を図解したものがつぎの図表です。

キャッシュ・フロー計算書

（自　令和○○年○月○日　至　令和○○年○月○日）
（会社名）　　　　　　　　　　　　　（単位：百万円 or 千円）

| | |
|---|---|
| １．営業活動によるキャッシュ・フロー | |
| （省略） | |
| 営業活動によるキャッシュ・フロー | ○○○ |
| ２．投資活動によるキャッシュ・フロー | |
| （省略） | |
| 投資活動によるキャッシュ・フロー | ○○○ |
| ３．財務活動によるキャッシュ・フロー | |
| （省略） | |
| 財務活動によるキャッシュ・フロー | ○○○ |
| ４．現金及び現金同等物に係る換算差額 | ○○○ |
| ５．現金及び現金同等物の増加額 | ○○○ |
| ６．現金及び現金同等物の期首残高 | ○○○ |
| ７．現金及び現金同等物の期末残高 | ○○○ |

## 3■会計情報を用いて企業経営を分析する（基本）

　会計情報を用いて企業経営を分析する場合，大切なポイントは，収益性，成長性，安全性，効率性，企業価値の５つです。ごく簡単に言えば，会計情報のうち，分析には，

　収　益　性：損益計算書，貸借対照表
　成　長　性：損益計算書，キャッシュ・フロー計算書
　安　全　性：貸借対照表，損益計算書，キャッシュ・フロー計算書
　効　率　性：貸借対照表，損益計算書
　企業価値：貸借対照表，損益計算書，キャッシュ・フロー計算書

の各財務表を主に使用します。
　それぞれの分析は，本書の第3部（第9章以降）で詳細を説明しています。
　ここでは，3種類の財務表を見るだけで分析できる内容を説明します。


貸借対照表による分析
　貸借対照表は，決算日時点の財政状態を表していますから，基本的につぎの5点を分析できます。

① 事業活動資金は，決算日時点でどこから調達しており，それは望ましいか
② 調達した事業活動資金は，決算日時点でどのように利用しており，それはどのような事業活動の特徴を示しているか
③ 事業活動資金の利用の仕方は，どのような経営の方針を示唆しているか
④ 短期的（決算日後1年以内）に支払いができなくなるリスクはどの程度か
⑤ 長期的（決算日後1年超）にみて，資金の調達と運用の関係は適切か

以下，これら5点をどのように分析するのかを説明します。

① 事業活動資金は，決算日時点でどこから調達しており，それは望ましいか

　事業活動資金は，返済の必要があるかないかで異なります。返済の必要のある資金の調達源泉が負債，返済の必要のない資金の調達源泉が純資産です。返済の必要のない資金の割合が大きい方が望ましいと言えます。たとえば，純資産が負債より多い，純資産が負債の２倍となっているなどの場合は，望ましいと言えます。

② 調達した事業活動資金は，決算日時点でどのように利用しており，それはどのような事業活動の特徴を示しているか

　資金の運用は資産で表されていますが，流動資産と固定資産のそれぞれの割合で事業活動の特徴がわかります。つまり，流動資産の割合が大きい企業は，商品を販売する事業に重きがあるでしょうし，固定資産が大きい企業は，製造事業に重きがあり，製品やサービスを提供しているところに特徴があります。もっとも，これはそのように考えられるというだけで，実際は各資産の詳細を検討しなければなりません。

③ 事業活動資金の利用の仕方は，どのような経営の方針を示唆しているか

　資金の運用形態をもう少し詳しく見てみると，大別して，事業資産が多いのか，金融資産が多いのかの区別から，企業経営の方針が推定できます。

　つまり，事業資産（棚卸資産➡在庫投資，有形・無形固定資産➡設備投資）と金融資産（当座資産・投資その他の資産➡金融投資）とのどちらにより多くの資金を投資しているかを見るのです。

　調達した資金は，言うまでもなく，その必要があるから，つまり，使いみちの予定があるから入手しています。また，過年度の利益の余

剰額，つまり貯金は，持っているだけでは利益を生みませんから，どのようなことに使うのかが重要です。

　設備投資に資金をかけるのか，金融投資に資金をかけるのか，どちらの割合が大きいかで経営の方針が明らかになります。

④　**短期的（決算日後1年以内）に支払いができなくなるリスクはどの程度か**

　借りたものは返さなければならないのは当たり前で，企業でも同じです。決算日後1年以内に返済しなければならない流動負債に対して，その支払いを可能にできる流動資産が多いのか少ないのかで，支払いができなくなるリスクの大きさが判断できます。流動負債100に対して流動資産が200であれば安心ですね。その逆は，困ったことになりかねないです。

　さらに，より厳しく見れば，流動負債に対して当座資産がどれほどあるかが判断材料です。

⑤　**長期的（決算日後1年超）にみて，資金の調達と運用の関係は適切か**

　現代の企業は，長期間，経営を継続することを予定して運営されています。

　決算日後1年を超えて利用する目的で保有している固定資産は，返済の必要がない資金で賄われていると安心です。固定資産と純資産を比較して，後者の方が多いのが望ましい。

　また，有形・無形固定資産が企業の生産活動に直結していますから，これらと株主資本を比較してみるのもよい判断材料になります。後者の方が多いのが望ましい。

　以上の単純な分析は，基本中の基本ですが，より正確には，貸借対

照表の各資産項目の数値で計算した結果で判断することが大切です。また，単年度だけでなく，複数年度（最低5年間）の計算結果を判断材料にする必要があります。

## 損益計算書による分析

　損益計算書は，決算日に終わる過去1年間の経営成績を表していますから，基本的につぎの4点を分析できます。

① 過去1年間の事業活動の結果，最終的に利益を得られたか
② 売上高・営業収益に比較して，他の収益はどれほどか
③ 費用のうちで企業経営に大きな影響を与えているものは何か
④ 経営成績を改善するために，着目すべき収益や費用は何で，それらをどのようにすればよいか

　以下，これら4点をどのように分析するのかを説明します。

### ① 過去1年間の事業活動の結果，最終的に利益を得られたか

　最終的な利益とは，損益計算書のボトムライン（最終行）に表示される当期純利益のことです。これがプラスの金額であれば，まずは収益性がいいですね。マイナスの金額の場合，当期純損失です。もちろん望ましくありません。

### ② 売上高・営業収益に比較して，他の収益はどれほどか

　利益は，収益から費用を引いて求めます。収益が十分に得られないと利益はおぼつかなくなります。
　収益には，製品や商品の販売額の合計を表す売上高，サービスの提供額の合計を表す営業収益（これは企業の本業による収益で，両者をあわせて売上収益と呼びます），本業以外の事業活動による営業外収益，めったに生じない取引や出来事によって得をした場合の特別利益

があります。

　企業経営上，本業からの収益が中心ですが，他の収益の割合はどの程度あるのかを知ることも経営を理解する上では重要です。もし本業の収益よりも他の収益の方が大きかったとか，相当の割合を占めていたということであれば，そのような企業経営は転換期を迎えている可能性があり，注意が必要です。

### ③　費用のうちで企業経営に大きな影響を与えているものは何か

　利益が思わしくないとき，費用を減らすことも企業経営者が考慮すべき重要な事項です。

　費用は，本業に要する**売上原価，販売費及び一般管理費**（これらは，製品や商品を販売している企業の場合），**営業費用**（サービスを提供している企業の場合），本業以外の事業活動に要する**営業外費用**，めったに生じない取引や出来事によって損をした場合の**特別損失**，これらに加えて，**税金費用**（**法人税等**）があります。

　これらの費用のうち，どの費用が大きな割合を占めているかを見て，削減すべき費用が何かをつかむわけです。

### ④　経営成績を改善するために，着目すべき収益や費用は何で，それらをどのようにすればよいか

　経営成績は，さまざまな利益に表れてきます。

　最終の利益は，**当期純利益**ですが，利益の種類はこれだけではありません。次式で計算される利益も損益計算書に表示されています。

　　売上総利益＝売上高－売上原価
　　営 業 利 益＝売上高－売上原価－販売費及び一般管理費
　　　または　　＝営業収益－営業費用
　　経 常 利 益＝営業利益＋営業外収益－営業外費用

税引前当期純利益＝経常利益＋特別利益－特別損失

当期純利益＝税引前当期純利益－法人税等

　これら5種類の利益は，それぞれがつぎのような経営成績を表しています。

| 利益の名称 | 表示される経営成績 |
|---|---|
| 売上総利益 | 製品や商品の販売額に含まれている利益額 |
| 営業利益 | 本業による利益。投資者が重視 |
| 経常利益 | 通常の事業活動による利益。経営の良し悪し |
| 税引前当期純利益 | 企業の事業活動全般による利益で税金控除前 |
| 当期純利益 | 企業の最終の利益。株主が重視 |

　どの段階の経営成績を改善すべきかは，どの利益が関係しているかを明確にし，各利益の算定に用いられている収益と費用の各項目を増加または減少させることによって改善ができます。

　また，売上高や営業収益に対する各利益の割合を算定すれば，収益性の良し悪しもわかります。この割合が大きい方が望ましいのは言うまでもありません。他社に比較して，この割合が劣っているとすれば，どこかにその原因があるはずですから，それを探り，改善することが必要です。


貸借対照表と損益計算書による分析

　貸借対照表と損益計算書を用いる分析の主眼は，貸借対照表の資産，すなわちモノと，損益計算書の利益，すなわちカネとの関係を確かめることにあります。

　企業経営では，「より少ないモノでより多くのカネを得る」が大原則です。

　この原則が達成できているかどうかを分析するために，「モノ＝資産」と「カネ＝利益」との関係をみます。

　「利益÷資産」で得られる財務指標は，資本利益率と呼ばれますが，要するに，使用している資産に比して利益の大きさはどうなのかを判断します。この割合が大きいほど上記の大原則が活かされていることがわかり，望ましい企業経営と言えます。

　また，株主は，自己が出資した資本から十分な利益が得られているかどうかを重視しますので，「当期純利益÷自己資本*」で得られる財務指標により，その値が大きいかどうかを判断材料にしています。これも資本利益率の1つです。

（＊自己資本＝純資産−新株予約権）

## キャッシュ・フロー計算書による分析

　キャッシュ・フロー計算書は，黒字倒産のリスクを判断するために作成・公表されていますから，得られた利益とキャッシュ・フローを比較すれば，利益にはキャッシュの裏付けがあるかどうかがすぐにわかります。

　たとえば，営業利益と営業活動によるキャッシュ・フローを比較して，後者が多ければ全く問題がありませんし，もし後者が少なくてもどの程度少ないかによって，経営上の課題を認識することができます。

　キャッシュ・フロー計算書による分析はこれだけにとどまるわけではありません。

　営業活動によるキャッシュ・フローと投資活動によるキャッシュ・フローを足したキャッシュ・フローを「フリー・キャッシュ・フロー」と呼び，経営者が自由に使えるキャシュ額がどの程度あるかがわかります。このキャッシュ・フローの趨勢は，企業の成長性や企業価値を分析することに利用できます。

# 4■会計情報を用いて企業経営を分析する（応用）

　会計情報を用いて企業経営を分析する場合，どの立場で分析するか，すなわち，企業の利害関係者の誰のどのような意思決定に関して分析を行うのかを明確にしておく必要があります。

　上記3での基本的な分析は，利害関係者全員に共通の分析です。利害関係者の意思決定目的と利用する財務情報や非財務情報の一例を整理すれば，つぎの図表のように整理できるでしょう。

| 企業発信情報 | 意思決定目的 | 財務情報 | 非財務情報 |
|---|---|---|---|
| 経営者目線 | 収益性/成長性/効率性/安全性/ESG | 財務諸表（連結・単体・四半期） | 統合報告書/ESGレポート/コーポレートガバナンス報告書など |
| 従業員目線 | 安全性/成長性/ESG | 財務諸表（連結・単体） | ESGレポート |
| 投資者目線 | 収益性/成長性/効率性/安全性/ESG | 財務諸表（連結・単体・四半期） | 統合報告書/ESGレポート/コーポレートガバナンス報告書など |
| 株主目線 | 収益性/安全性/ESG | 計算書類（単体・連結） | ESGレポート/コーポレートガバナンス報告書 |
| 債権者目線 | 安全性 | 計算書類（単体・連結） | ESGレポート/コーポレートガバナンス報告書 |
| 取引先目線 | 安全性 | 計算書類（単体・連結） | ESGレポート/コーポレートガバナンス報告書 |
| 消費者目線 | ESG/安全性 | 財務諸表（連結・単体） | ESGレポート/コーポレートガバナンス報告書 |
| 国・地方自治体目線 | 収益性/ESG | 財務諸表（単体） | ESGレポート/コーポレートガバナンス報告書 |

（注）　この整理はあくまでも一例であり，こうでなければならないというものではありません。また，企業価値は省いています。

基本的な分析をさらに進めて，たとえば，つぎのような課題を分析するのにも会計情報は役立ちます。

#### ◇経営戦略と経営業績との間の関係

中期経営計画で立案した経営戦略はその後の経営業績をどのように改善し，企業の発展に寄与したか

#### ◇M&A と経営業績との間の関係

将来性を期待して買収した他の会社（現在の子会社）の事業活動によって，企業グループ全体の経営業績はどのように変化したか

#### ◇事業セグメントの経営成績・資産効率と将来の成長性との間の関係

事業セグメントのうちどの事業活動が5年間の推移で経営成績を恒常的に改善し，資産効率を高めてきたのかを明確にし，将来のさらなる成長の可能性が見込まれるのか

#### ◇ESG（環境保全・社会貢献・ガバナンス確保）への取組みの積極性と経営成績との間の関係

投資社会の営利企業に対する期待がESGへの積極的な取組みにシフトしているなか，ESGの取組みを積極的に行っている企業は経営成績が有意に良好なのか

これらの分析課題が何を明らかにすることを目的とするのかによって，利用する会計情報（財務情報）や非財務情報は変化しますが，基本的な3種類の財務表は等しく利用可能です。分析課題が複雑な内容で，レベルが上がると，使用する財務表は同じであっても，分析方法が変化します。

分析には，時系列分析，クロスセクション分析，相関分析，因果分

析などの方法を用います。これらの分析方法には本書では立ち入りませんが，分析に用いるためのデータとして会計情報をよく知っておくことが大切です。

　上記の４つの課題の分析結果は，企業経営の方向性を検討したり，経営を進化させるのに重要な根拠を与えてくれます。

ACCOUNTING

# 1

## 第 1 部
# 会計学と財務情報

# 第1章　意思決定と情報

## 1 ■大学受験と情報

　大学を選ぶとき，あなたは何をみて決めたでしょうか。つぎのようなさまざまな情報をみたことでしょう。

- ●大学の HP，学部案内冊子，卒業生就職先企業……大学が提供する情報
- ●高校の進路指導の先生との相談……高校が提供する情報
- ●予備校・塾の受験分析資料など……予備校が提供する情報
- ●先輩・大学生の大学生活の感想……先輩が提供する情報
- ●大学の評判・うわさ……世間一般からの情報　など

　こういった情報を考慮しながら，最終的には，あなたの模擬試験での成績と志望する大学の過去の入試における合格最低偏差値とを比較して受験する大学を複数決定し，みごと合格したのではないでしょうか。

　どの大学を選択するのか，それは，あなたが最終的に意思決定したはずです。そのとき，あなたは，さまざまな情報を利用したと思います。

　つまり，「**意思決定には情報が必要。しかも質の良い情報が大事**」ということになります。

　それでは，質の良い情報とはどのような情報でしょうか。意思決定に用いる情報に求められる質（性質）は，つぎの2つが必要です。

- ●意思決定に直接関連していること……**目的適合性**といいます。
- ●情報の内容にうそ偽りがないこと……**信頼性**といいます。

　あなたが入手した情報が，目的適合的で信頼できる情報であれば，それは質の良い**有用な**情報ということになります。

　質の良い有用な情報にもとづいて意思決定を行えば，意思決定それ自体もよ

り良い結果につながる可能性が大きくなります。

　反対に，質の悪い情報とはどのような情報でしょうか。

　質の悪い情報とは，

　　　●情報内容が意思決定との関連が乏しく（目的適合性がない）

　　　●情報内容にうそ偽りがある（信頼性がない）

ような情報です。

　このような質の悪い情報を意思決定に用いても意味がなく，意思決定自体を誤ってしまうおそれが出てきます。このような情報は，有用でない情報です。

　情報の質が悪いために意思決定を間違ってもかまわないでしょうか。それでもよいという人はほとんどいないでしょう。

　それでは，質の良い有用な情報をどうやって入手すればよいでしょうか。つぎに考えましょう。


## 2■企業経営と有用な情報

　情報と一口に言っても膨大な種類の情報があります。ここでは，企業経営に関係する情報について考えてみましょう。

　まず，企業経営とは何かを理解しておく必要があります。

---

　企業経営とは，「企業を経営する」ことです。

　「企業を経営する」とは，企業が保有している財産を**効果的**かつ**効率的**に利用して**利益**が得られるように事業活動を行うことです。

---

　「財産」というのは，お金，商品，工場，本社ビル，土地などのことです。

　「効果的に利用する」とは，財産を使ってたくさんの利益を得られるように利用することです。つまり，財産をより良い事業に使うということです。

　「効率的に利用する」とは，少ない財産で多くの利益を得られるように利用することです。つまり，財産を無駄なく使うということです。

　「事業活動」とは，企業が行う製造，販売，流通，投資などの活動のことです。

　企業を経営するのに必要な要素は，ヒト，モノ，カネ，情報の４つです（図

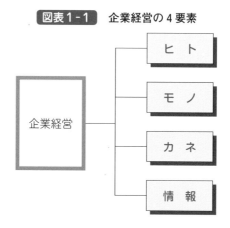

図表1-1 企業経営の4要素

企業経営 — ヒ ト / モ ノ / カ ネ / 情 報

表1-1参照）。

さて，企業経営を行うのに必要な情報には，大別すると，

　●ヒト・モノ・カネを得るための情報

　●効果的・効率的な事業活動の実施のための情報

の2種類があり，これらはいずれも企業経営に必要不可欠です。

　これらの情報が質の良い，意思決定にとって有用な情報でなければならないことはいうまでもありません。

　それでは，これらの情報がどのような意思決定と関係しているかを，以下で検討しましょう。

## 3■ヒトと情報

　あなたはどのような企業に就職したいですか。

　●ネームバリューのある企業？

　●大きな利益を上げている企業？

　●やりがいのある仕事ができる企業？

　●グローバルな事業展開をしている企業？

　●将来の成長が見込める企業？

企業側からみれば，自社の魅力に関する情報を提供しておくことが人材確保

にとって大切です。

　企業は，自社に関する情報を以下の方法で提供しています。

　　●新商品・新サービス

　　　　→ 自社 Web サイト，TV の CM，新聞・交通機関などへの広告

　　●新規事業・設備投資

　　　　→ 自社 Web サイト，マスコミへの記者発表，EDINET（後述）など

　　●新株発行・社債発行・合併

　　　　→ 自社 Web サイト，新聞の広告欄，EDINET など

　　●人材募集

　　　　→ 自社 Web サイト，求職情報誌など

　これらの情報は，あなたが就職先の企業を検討するときにそれぞれ役に立つことでしょう。

　就職先の企業を選ぶとき，いろいろな観点を検討するはずですが，大切なポイントとして，その企業が将来に倒産せず，事業活動を継続・発展できて，さらに成長するかという点をあげることができます。

　この点を確かめるために有用な基本的情報は，利益や売上に関する情報です。

　利益や売上に関する情報は，企業が作成し公表している財務諸表を見れば入手できます。あなたが関心をもつ企業がその株式を証券取引所で売買しているならば（こういう企業を上場会社と呼びます），財務諸表は誰でも簡単に入手することができます。

　財務諸表をみれば，企業が実施した過去1年間の事業活動の結果，どの程度利益を上げたのか，どのような財産を使っているのか，倒産しないだけのキャッシュ（現金）をもっているのかなどを理解できます。

　しかし，もし財務諸表にうそ偽りがあるとすれば，あなたの意思決定にどのような影響があるでしょうか。

　たとえば，「財務諸表をみてこの企業は成長すると思って入社したのに，架空の売上で業績をよりよくみせかけ，挙げ句の果てに倒産してしまった。財務諸表にうそ偽りがなければこんな企業に入社しなかったのに」などということになりかねません。

　すでに述べたように，うそ偽りのある情報は，質の良い有用な情報ではあり

ません。あなたが利用する情報にうそ偽りがないかどうかを常に注意しておくことが必要です。

　特に財務諸表にうそ偽りがあると大変ですから，財務諸表を信頼して利用してよいかどうかを企業外部の第三者が確かめて，その結果を公表する仕組みが設けられています。この仕組みのことを**財務諸表監査制度**といいます。

## 4■モノと情報

　企業経営に必要なモノとは，製造会社の場合，以下のモノです。
　　●製品を製造するための設備（機械，配電設備など）
　　●設備を設置しておく工場・土地
　　●製造を管理するITシステム・事務所
　　●製品を販売するための施設・本社建物
　　●製造に必要な原材料・部品　など
　これらのモノのうち，製品を製造するうえで大切なのは，製造に必要な原材料や部品を確実に調達できることです。そのためには，安定的に，かつ，質の良い原材料や部品を提供してくれる相手先が必要です。

　相手先の企業が信用できなければ，うまくいきません。つまり，相手先の「信用」に関する情報が必要です。

　信用に関する情報の中心は，財務諸表です。

　あなたが入社してからしばらく経って，製造に使う部品の発注を任されたと仮定しましょう。

　あなたは，さっそく財務諸表をみて仕入先（部品の納入企業）の信用力を検討しました。その結果，信用があると判断して部品を発注した仕入先から，約束の期日が来ても納品がありません。

　「これは大変なことになった」と，あなたはこの仕入先を訪ねたところ，すでに倒産しており，誰もいません。工場では部品が届かなかったため，工場を休止し，部品の調達先の確保に奔走するはめになり，工場停止による損害は多額に上ってしまいました。

こういったことは，なぜ生じたのでしょうか。

　あなたは，仕入先企業の作成した財務諸表をみて信用力のある会社だと判断したのに，実際は，その会社には，財務諸表に記載されていた現金や銀行預金の大部分が架空のものでした。

　この結果，仕入先には十分な現金や預金がなく，運転資金が不足し，部品を製造できなくなる一方，資金繰りが悪化し倒産してしまっていたわけです。当然のことながら，こういう状態では，あなたの会社への部品の供給が行われることは無理でした。

　これとは逆に，うそ偽りのない財務諸表であれば，あなたも判断を誤ることはなく，企業が損害を受けることもなかったわけです。

　財務諸表の大切さがよく理解できるのではないでしょうか。

## 5■カネと情報

　企業は，企業経営に必要な事業活動を行うのに必要なカネ（事業資金）をどこから入手するのでしょうか。

　企業が事業活動のために使うカネには，つぎの３種類があります。

　　●銀行からの借入金……**間接金融**による資金

　　●株式を公開・発行して得る資本金または社債券を発行して得る資金……**直接金融**による資金

　　●過去に獲得した利益の留保分（貯金）……**自己金融（内部留保）**による資金

間接金融，直接金融，少し聞きなれない言葉が登場しました。

　金融とは，**余っているお金を必要な人に融通**することです。

　「金は天下の回りもの」といいますが，資本主義社会では，稀少な資源（モノ，ヒト，カネ）を有効に利用して，社会の人々みんなの生活を豊かにするような仕組みがとられています。

　つまり，カネの面でみれば，余剰資金を持っている人から資金（カネ）を集め，社会全体の富を増加させる活動（企業の事業活動もその１つ）を誰でも自由に行うことができるという仕組みです。

　あなたの場合で考えましょう。あなたが月に15万円の収入があるとします。この収入から，食費，住居費，水道光熱費，インターネット・携帯電話利用料などの生活費，それに大学での教科書代などの学習費，さらに，クラブ活動などの会費などを支払って，毎月，手許に 3 万円残るとしましょう。

　さて，あなたはこの余剰資金の 3 万円をどうしますか。銀行や郵貯バンクに預金しますか。ベッドの下の貯金箱に隠して貯めておきますか。それとも株式を購入しますか。

　とりあえず，1 年間毎月，ベッドの貯金箱に貯めたとすると，1 年後には36万円の余剰資金になっています。

　この36万円のうち，半分の18万円を銀行の定期預金とし，残りの半分で 1 株180円の株式を1,000株購入することにしましょう。

　とすると，あなたの余剰資金は，**図表1-2**に示すように流れていくことになります。

　**図表1-2**では，あなたの余剰資金36万円すべてが企業の事業資金となることを前提としています。また，銀行は，あなたから定期預金として預かった18万円を企業の株式や社債券を購入する，外国通貨を購入する，あるいは住宅ローンに貸し出すなど他の用途に利用するかもしれませんが，ここでは18万円すべてを企業に貸し付けることを仮定しています。

**図表1-2** 余剰資金と事業資金

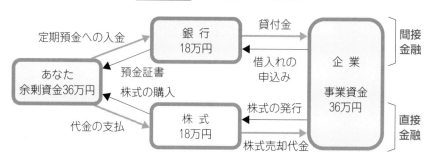

[図表の説明] 赤い矢印がカネの流れを示している。上側の流れが「間接金融」，下側の流れが「直接金融」。また，赤色のスクリーン部分が，ヒト（自然人と法人）を意味している。

図表をみればすぐわかるように，カネの流れは２種類です。

- あなたという「個人」から銀行という「金融機関」を経て「企業」に流れるルート
- 「個人」から株式の売買によって直接「企業」に流れるルート

前者のルートは，「金融機関」を仲介してカネが流れますから，これを間接金融と呼びます。後者のルートは，仲介する組織がなく，個人のカネが企業に直接流れますから，これを直接金融と呼びます。

このようにあなたの余剰資金は，この場合では，銀行預金と株式という形になりました。いずれも企業に流れていき，企業がそのカネを利用しているわけです。

あなたが自分の余剰資金を銀行に預金したり，株式を購入したりするのは，そうすることによって何らかの利益を期待するからです。

余剰資金を銀行の定期預金に預ければ，１年後には預金利子の支払いがあります。また，株式を購入したあなたには，企業から株式の購入数に応じた配当金の支払いがありますし，さらに，購入したときの株価がその後上昇したときに株式を売却すれば，株価の値上がりによる利益（株価値上益）を得ることができます。

つまり，あなたは，自分の余剰資金を有効に運用して利益を得ているわけです。そうすると，あなたにとって，どこに余剰資金を回す（預金する，または投資する）のが最も有利かということを考える必要があります。

余剰資金を預金であれ，株式であれ，手許から離す以上，資金が失われては困ります。もしあなたが預けた金融機関が破綻（倒産すること）しても，一般の預金であれば，1,000万円まで国が元本と利息を保証してくれますが，1,000万円を超えた預金については失ってしまうリスクがあります。

また，株式の場合，企業が十分な利益を上げていれば配当金の支払いが通常行われますが，損失（いわゆる赤字）であれば配当金の支払いはありません。損失を出している企業の株価は下がる傾向にありますから，株価値上益を得ることは困難になります。つまり，株式購入にもリスクがあります。

預金するリスクと株式購入するリスクとを比較すれば，後者の方が大きいと

いえます。もっとも，預金した場合の利息の受取額と株式購入した場合の配当金の受取額プラス株価値上益の合計額との比較では，後者の方が大きいのが一般的です。

つまり，預金はリスクが小さいけれども得られる利益も少ない（ローリスク・ローリターンと呼びます）のに対して，株式購入はリスクが大きいけれども得られる利益は多い（ハイリスク・ハイリターンと呼びます）わけです。

それでは，あなたは，どちらを選択しますか。ベッドの下の貯金箱に蓄えておきますか。それでは，利益を得る可能性はゼロです。しかし，火災や盗難がない限り安全です。

社会全体のほとんどのヒトが貯金箱に蓄えてしまうと，資本主義社会は成り立っていかなくなります。そこで，預金に預けたり，株式を購入したりする方が貯金箱よりも有利であることが実感できる仕組みができています。

株式を購入する場合，すでに説明しましたように，企業が十分な利益を上げていること，これが，あなたにとって重要なことになります。

- ●「利益が大」→「配当金も大」
- ●「利益が大」→「多数のヒトがその企業の株式を購入したい」→「株価が上昇」→「株価値上益をゲット」

逆に，企業側からみれば，自社の株式を購入することが最も有利であると，あなたに考えてほしいことになります。


企業が十分な利益を上げているかどうか（収益性）を判断するための情報の代表が財務諸表です。

企業の立場では，事業資金（カネ）を提供してくれる主な相手は，図表1－1のように銀行または株主（株式を購入し保有しているヒト）です。企業は，これらのヒトに対して，事業活動の収益性に関する情報を提供する必要があります。この情報が財務諸表に代表される財務情報です。

ここで考えておかなければいけないのは，財務諸表にうそ偽り（粉飾）があると意思決定にどのような影響があるかという問題です。

ある企業がその財務諸表を粉飾して，架空の売上と売掛金を計上し，当期純利益を30％増加させたインチキな財務諸表により，銀行から借入れをし，新株

も発行して多額の資金を調達していたところ，粉飾が発覚して，銀行からは全額返済を求められ，株主からは損害賠償請求を受けて敗訴したとしましょう。

　企業がインチキな財務諸表を悪用して調達した資金は，すでに使用済みで返済することができず，倒産する破目になったとすれば，銀行や株主にとって，貸し出した貸付金が返済されず，また，購入した株式は，購入した価格より大幅に低下した価格でしか売却できず，いずれも元手の余剰資金（カネ）を失うことになってしまいます。財務諸表を信じたばかりに大損害が生じてしまいます。

　このようなことが生じると，資本主義社会は崩壊します。これを防ぐために，すでに述べた**財務諸表監査制度**の仕組みなどがあるわけです。

## 6■効果的・効率的な事業活動の実施のための情報

　企業が成長し，発展していくための必須条件は，つぎの２つです。
　　●**売上を増やすこと**
　　●**十分な利益**を上げておくこと
　これらを実現するためには，企業は，経営戦略を立て，事業活動の経営計画，事業の実施へとつなげていくことが必要です。また，実施した事業活動の結果，売上が当初の予定通り増加しているかどうか，さらには，利益が十分確保できているかどうかを常に分析し，経営にフィードバックしていくことが大切です。

　特に，事業活動を効果的かつ効率的に実施していなければ，売上も増加しないし，十分な利益の確保もできません。実施した事業活動または実施中の事業活動が効果的かつ効率的に実施されたのか，実施されているのかを分析することが求められます。

　この分析を適切に行うためには，**経営管理のための財務情報**が必要です。財務諸表やその作成の基礎となったデータを企業内部にきちんと保存し，必要なときにはいつでも利用できる情報システムが欠かせません。そのためのシステムの１つが**複式簿記**システムです。

　効果的・効率的な事業活動が実施されているかどうかを分析するために利用している財務情報に，もし，うそ偽りがあれば大問題です。つまり，実際には，

コストが予定よりかかりすぎており，非効率であるのに，それを偽ってコストが予定通りとの財務情報が経営者に伝達されれば，事業活動の見直しが行われず，その結果，コストのたれ流し，隠れた損失の拡大につながり，経営を失敗してしまうことにつながりかねません。

これを防ぐためには，少なくとも財務諸表など財務情報の信頼性を確保しておくことが必要です。

そこで，2008年4月以降に開始する事業年度から，上場会社には，その企業において，**財務報告にかかる内部統制**が有効かどうかについて，経営者が内部統制報告書を作成し開示することが求められ，社内に有効な内部統制を構築する責任が経営者に要請されています。会社法上の大会社も同様です。

また，この経営者による内部統制報告書が信頼できるかどうかについて財務諸表監査を実施する監査人が**内部統制監査**を行うことが求められています。

## 7■まとめ：企業経営に必要な質の良い有用な情報

企業経営に必要な質の良い有用な情報について上記で説明をしてきました。その要点は，つぎのようにまとめることができます。

- ●企業経営に必要な情報は，①ヒト・モノ・カネを得るための情報，および，②効果的・効率的な事業活動の実施のための情報である。
- ●これらに共通の基本的な情報が財務諸表に代表される財務情報である。
- ●財務諸表にうそ偽りがあると意思決定を誤ってしまい，多くの場合損害を受けてしまうので，そうならないような仕組みがある。

もう一歩進んだ理解のために（1）

・・・・・・・・・・・・・・・・・・・・・・・・・・・・・・・・・・・・・・・

## 円安・円高と経営業績

　円と外国通貨との交換レートで，1：1であれば，円と外国通貨とは同じ価値で，通貨の呼び方だけが違うことになります。しかし，国と国との経済の力が異なるので，経済力が強い国の通貨の方が交換レートが有利になります。

　1ドル＝100円に比べて，1ドル＝80円になると，円高といいます。これは，1ドルのモノを買うために，100円かかっていたのが80円で済むようになるので，円の力がドルに比べて強くなったことを意味しています。強くなったことを「円高」と呼ぶわけです。

　逆に，1ドル＝120円になったとすると，円安といいます。100円あれば買えていたモノが120円ないと買えなくなるので，20円余分に払うことになります。つまり，円の力が弱くなったのです。弱くなったことを「円安」と呼びます。

　円安や円高で企業は得をするか損をするかについて，たとえば，海外での売上代金を外国通貨表示の売掛金で受け取ったとき，それを円に換算しますが，換算して損をしたら為替差損，得をしたら為替差益です。

　つまり，外貨建て債権債務を持っている場合，為替相場の変動により円での受取額（支払額）が減少（増加）することになれば，それが為替差損で，逆に，受取額（支払額）が増加（減少）すると為替差益です。

# 第2章 会計情報の役立ち

第1章では，企業経営にとって必要な質の良い**有用な情報**とは何かを説明しました。

あなたは，そのような情報の1つが財務情報の代表である**財務諸表**であることを理解したはずです。財務諸表は，事業活動のデータを会計処理した結果，作成されるため，**会計情報**の1つです。

それでは，本章では，財務情報（特に財務諸表）が意思決定にどのように役立つのかという側面について解説します。

## 1 ■会計情報の役立ち

会計情報は，いったい誰にとって役立つのでしょうか。

会計情報は，企業が作成していますから，企業経営にとって役立つ内容があるはずです。また，第1章で説明したように，企業は，経済社会のなかで活動するうえで，ヒト，モノ，カネおよび情報を必要としていますから，これらを入手するためにも会計情報が役に立つわけです。

そこで，会計情報が企業をとりまく人々の意思決定にどのように役立つかをみてみましょう。企業をとりまく人々とは，企業経営や企業の事業活動と直接的な，または間接的な利害のある人々なので，企業の**利害関係者**（ステークホルダー）と呼びます。

企業の利害関係者は，つぎの人々・企業などです。

- ●経営者　　　●投資者　　　●国・地方自治体
- ●出資者　　　●債権者　　　●消費者
- ●従業員　　　●取引先

### (1) 経 営 者

　企業の経営者とは，法律上，その会社の代表取締役社長のことです。企業には，公企業，私企業および第三セクター企業（官民の共同出資による企業）の3種類があります。あなたが商品やサービスを買っている企業の多数が私企業なので，ここでは，私企業を取り上げます。

　経営者は，企業の経営の全責任者ですから，経営をうまく運営しなければなりません。

　企業をうまく経営するためには，経営戦略のもと事業の計画（経営計画）を立てて，その計画を実行に移し，無理無駄なく（効果的かつ効率的に）事業を運営し（事業活動の実施），当初計画したとおりに業績が上がっているかどうかをチェックして（事業活動業績のチェック），業績が計画どおりでなく下回っているならば，改善策を実施し（改善策の実施），次年度には，事業の計画を見直したり，その根本の経営戦略を改めたりする（次年度の経営計画を立てる）必要があります。

　このように，経営は，**図表2-1**に表現したように，「経営計画」（Plan）-「事業活動の実施」（Do）-「事業活動業績のチェック」（Check）-「改善策の立案・実施」（Action）のサイクルを繰り返すことになります。

　このサイクルをPDCAサイクルと呼びます。または，「事業活動業績のチェック」と「改善策の立案・実施」とを合わせて「事業活動の監視」（See）としてPDSサイクルと呼ぶこともあります。


　企業の経営者にとって，PDCAサイクルの各段階で意思決定を行う必要がありますが，その資料やデータの1つとなるのが会計情報（財務諸表）です。

　たとえば，「経営計画」の段階では，過去（過年度）の事業活動業績をみて，売上が伸び利益が出ているかを検討します。過去の事業活動の業績を教えてくれるのは，過去の財務諸表などです。

　また，今年（当年度）は，売上をさらに上げて，利益も昨年度の1.5倍にするために新たな経営戦略を立てるとすると，予想の売上や予想の利益を計算してみることも必要です。

　売上や利益の予想を教えてくれるのも会計情報（見積財務諸表）です。

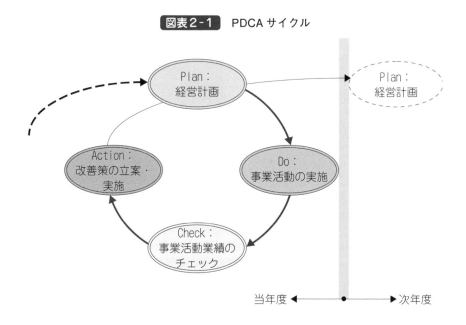

**図表2-1**　PDCA サイクル

　「事業活動の実施」では，経営計画で決めた売上目標や利益目標が達成できるよう，事業活動を行います。

　事業活動の実施とともに日々どれだけの売上があり，目標利益が達成されつつあるのかを判断するために，事業活動業績についてのデータを企業内部の情報システムに入力しておく必要があります。

　このデータも会計情報の一種です。

　「事業活動業績のチェック」の段階では，月ごとにチェックを行う**月次決算**，3ヵ月ごとに行う**四半期決算**，そして年度末に行う**年度決算**（本決算）によって経営業績のチェックを行います。

　これらの決算から得られる情報は，まさに会計情報そのものです。

　「改善策の立案・実施」では，たとえば，月次決算を行ってみたところ，売上や利益の目標の8割しか達成できていないとすれば，翌月以降でこれを挽回^(ばんかい)できるように，商品の販売促進に力を入れたり，または，販売費用を抑制して利益が出るようにしたりします。

　このときにも，これらの改善策がどのような結果となったか，データを集約

して会計情報にまとめます。

　以上のように，経営者にとって，会計情報は，企業経営に関する不可欠な情報なのです。

　会計情報を理解しない経営者は，経営者としては失格だといっても，いいすぎではありません。

　また，経営者の指示で事業活動のさまざまな責任をもって仕事をしている従業員も，会計情報を理解できなければ，自分の職責をきちんと果たせているのかどうかがわかりません。

　この意味で，企業の経営にたずさわる人々すべてにとって，会計情報は役立つといえます。


(2)　**出資者**

　**出資者**とは，企業経営に必要なカネを提供しているヒト（個人または他の企業）のことです。企業が株式会社の場合，出資者を**株主**と呼んでいます。

　出資者は，企業に余剰資金を提供して，その見返りに利益の配分として**配当金**を受け取る権利がありますし，出資の証（あかし）として保有する株式の時価が出資したときよりも高くなっていれば，それを売却することによって**株価値上益**を得ることもできます。

　出資者にとって一番の関心事は，配当金をどれほど受け取ることができるかでしょう。配当金は，企業が十分な利益を上げていないと出資者に支払うことができませんから，出資者は，その企業がどれほど利益を上げているのかを会計情報によって判断します。

　また，株式会社の場合，株主は，**有限責任**なので，もし企業が多額の借金を負ったまま倒産したとしても，自分が出資した金額以上に追加でお金を支払い，借金を返す必要もありません。

　しかし，もし出資した企業が倒産してしまえば，株主が出資した余剰資金は，すべて失われてしまいます。

　企業が倒産しないかどうかについて，出資者は，会計情報を通じて判断することができます。

### ⑶　従 業 員

　従業員は，企業に対して労働力というサービスを提供し，その見返りに給料やボーナスを受け取ったり，福利厚生として，健康保険料や年金掛金の半分程度を企業に支払ってもらったりしています。

　従業員にとって一番困ることは，労働力を提供したのに，給料などの見返りがないことです。こういう状況は，企業が倒産する場合や急激に商品が売れなくなった場合に生じます。さらには，企業が倒産して従業員の職場がなくなると最悪です。

　2008年9月にアメリカのリーマン・ブラザーズという証券会社が破綻したのち，世界が同時に大変な不況になり，多数の企業が倒産したり，従業員が解雇されたりしました（リーマン・ショック）。まさにこのような状況が現実のものとなったわけです。

　従業員も，企業が倒産しないかどうか，会計情報を分析して，日頃から注意しておくことが必要です。

　また，それだけではなく，従業員は，労働力の提供に十分見合っただけの給料などを受け取っているかということにも関心を持つでしょう。

　企業が今年は多額の利益を計上したのに，給料やボーナスがいままでと同額では，従業員は納得するでしょうか。企業がどのように利益を上げているのか，会計情報を用いてきちんと分析し，経営者に給料アップを要求することも，会計情報の役立ちの1つです。

### ⑷　投 資 者

　第1章で説明したように，資本主義社会では，投資者（投資家とも呼ばれる）の存在が大きな意味を持っています。

　資本主義社会とは，稀少資源（限りのある資源。水，空気，土地，鉱物資源，カネ，労働力など）のうち余剰資金を集めて社会に必要なモノやサービスを生産し，社会全体の厚生（富）を増加させる社会のことです。

　余剰資金を集める仕組みの1つが証券市場での株式や社債の売買を誰でもできるようにしていること，つまり，直接金融です。

　なお，わが国の証券市場には，東京，大阪，名古屋，札幌，福岡の5カ所の

証券取引所があります。このうち，東京証券取引所（一般売買取引）と大阪取引所（デリバティブ取引のみ）は2007年に合併し，株式会社日本証券取引所グループという会社が運営しています。

　もう1つの仕組みが，金融機関への預金などでまず余剰資金を集め，つぎに金融機関が集めた余剰資金を，株式の購入にあてたり，企業に貸し付けたりすることによって企業へ余剰資金を流すこと，つまり，**間接金融**（**図表1-2**を参照）です。

　第二次大戦後，わが国が著しい経済発展をなしえたのは，証券市場の発展と無関係ではありません。株式の売買による企業の資金調達が経済の発展に大きく寄与したことは間違いがありません。

　このように投資者の存在は，資本主義社会では欠かせません。

　それでは，投資者は，企業とどのような利害をもっているでしょうか。

　投資者は，企業への出資者として株主となり，配当金を得ます。しかし，投資者は，安定的に配当金を期待するというより，株価値上益を得て，投資額の利回り（「投資によって得られる利益の総額÷投資額」の割合のこと）をできるだけ大きくすることをねらっています。

　そうすると，投資者にとって重要なのは，企業の株価です。株価は，その企業の経営業績，すなわち利益の大きさと比例して増減します。つまり，投資者は，会計情報をみて，企業がどの程度利益を上げているかに着目すればよいことになります。

　なお，投資者にとっても企業が倒産すると何にもならないので，企業が倒産しないかどうかについても会計情報によって判断しておくことも大切です。

### ⑸　債権者

　債権者には，間接金融の担い手の銀行などの資金の貸付けを行っている企業，および，商品，製品，サービス，原材料または部品などを企業に提供しているが，その代金をまだ受け取っていない個人や企業がいます（**図表2-2**を参照）。

　債権とは，将来，現金を受け取る権利のことです。債権者とは，債権を持っているヒトのことです。

　企業は，自らが債権者になる場合もありますが，カネを借りている場合や商

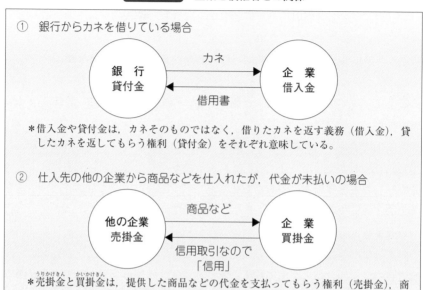

図表2-2　企業と債権者との関係

品などを受け取ったが代金を支払っていない場合，**債務者**になります。

　債権者にとって大切なのは，貸したカネや未払いの代金（元本）を企業がきちんと払ってくれるかどうか，カネを貸した場合，一定の利息を決められた時期に確実に払ってくれるかどうかです。

　企業が借入元本を確実に返済できるどうかや利息を支払えるかどうかは，事業活動の結果，十分なカネを回収できているかどうかにかかっています。

　もちろん企業が倒産すれば，債権者が取り戻せるカネは，ごくわずかになってしまうのが通例です。

　そこで，債権者は，会計情報をみて，企業がその事業活動によって十分な利益を上げ，カネを回収しているかどうか，および倒産のおそれはないのかを判断することになります。

　また，利益を十分に上げる企業でなければ，カネを貸しても利息の支払いが滞（とどこお）ることにもなりかねません。この意味で，債権者は，企業の収益性にも関心をもつ必要があります。

(6)　取　引　先

**取引先**とは，①企業が商品などを仕入れたり，サービスの提供を受ける相手先の企業（**仕入先**），および，②企業が自社の商品・サービスなどを販売・提供する相手先の企業（**得意先**）です。

取引先のうち，①は，仕入先が債権者（代金を受け取る権利のあるヒト），仕入れを行った企業が債務者（代金を支払う義務のあるヒト）になるケースです。②は，得意先が債務者，販売・提供を行った企業が債権者になるケースです。

①については上記の「(5)　**債権者**」で説明しましたので，ここでは②について考えましょう。

②の得意先の企業にとって大切なのは，たとえば，他の企業が製造した部品を得意先の企業が調達し，それを生産ラインにのせることにしている場合，契約通りにその部品を調達できるかどうかということです。

得意先は，商品・サービスなどの納期通りの納品に利害がありますから，他の企業の生産活動が順調に行われ，品質の良い商品・サービスを契約通りに提供することができるかどうかを調べる必要があります。

そこで，得意先は，会計情報をみて，他の企業の事業活動が順調に行われており，倒産の危険性がないかどうかを判断することになります。

逆に，得意先の信用力を見極め，売上代金をきちんと回収することができるかどうかは，債権者である他の企業にとって大切であることはいうまでもありません。

(7)　国・地方自治体

**国**や**地方自治体**は，企業が納める税金に最大の関心があります。国が徴収する法人所得税，地方自治体が徴収する事業所税や住民税などの税金です。

企業が税金を納めるのは利益を上げている場合で，損失が出て課税所得も赤字であれば税金を納める必要がありません。企業のすべてが損失を計上している，すなわち赤字であるということになると，国や地方自治体の税収入が大幅に減少し，行政サービスができなくなるおそれさえ発生してしまいます。

国や地方自治体は，企業が事業活動をどのように行い，利益を上げているかどうかに関心をもちますから，会計情報が必要になります。

また，企業の事業活動は，法令や規制を順守して行われなければなりません
から，国と地方自治体は，法令・規制の順守の状況について問題が生じていな
いかどうかにも注意を払います。

このためには，企業がどのような事業活動をどの程度の規模で行っているか
を把握しておくことも必要ですから，企業の作成する会計情報は，この点でも
間接的に役立ちます。

### ⑻　消　費　者

企業が生産する商品・サービスなどの最終消費者は，あなたを含めた個人で
す。商品やサービスの価格は，市場においてその需給関係によって決まります
が，たとえば，特別な商品で，その企業にしか生産できないモノの価格は，供
給を減らせば高くなってしまい，場合によってはその企業が暴利をむさぼるこ
とにもなりかねません。

消費者は，自分が購入するモノの価格が適切な価格かどうかに関心をもつこ
とが必要です。そのためには，そのモノがどのぐらいのコストで生産され，そ
の販売によって企業はどの程度利益を上げているのかを把握しておくことが大
切です。

会計情報は，そのための大切な情報源です。

## 2■会計の意義

会計情報（財務諸表）が，企業の経営者を含めて，さまざまな利害関係者の
意思決定にとって大切であることを理解してもらえたでしょうか。

会計情報は，会計という行為によって生み出される情報です。

会計とは，

「企業が行う事業活動を貨幣額で把握し，　　←　会計の対象

組織的な方法（複式簿記）で記録・計算し，　←　会計の方法

その結果を集約した情報（財務諸表）として　←　会計の結果

利害関係者に提供する　　　　　　　　　　　←　会計の役立ち

行為である」

ということができます。会計は，企業経営にはなくてはならないものです。

　会計のプロセス（流れ）には，つぎの5ステップがあります。

　　ステップ1：事業活動・取引を認識（会計の対象とすること）

　　ステップ2：事業活動・取引を測定（数値を割り当てること）

　　ステップ3：測定結果の決算時点での評価（数値を見直すこと）

　　ステップ4：測定・評価結果を集約し**財務諸表の作成**

　　ステップ5：利害関係者への**財務諸表の伝達**

　これらをまとめると，会計とは，「認識・測定・評価・財務諸表の作成・伝達」の行為であるということになります。

　このように会計情報（財務諸表）は，会計プロセスを経て利用されるわけです。しかし，5つそれぞれのステップにおいて，各企業が好きなように（自分に有利なように）認識・測定・評価・財務諸表の作成・伝達をしてしまうと，利害関係者が会計情報を利用するとき，企業間での会計情報の比較ができなくなってしまいます。これでは不都合です。

　そこで，会計は，どの企業が行っても，完全に同一ではないにしても，おおよその幅のなかにおさまるようにルールが定められています。このルールのことを正式には**一般に公正妥当と認められる企業会計の基準**といいます。英語では GAAP（Generally Accepted Accounting Principles）です。

　より具体的には，企業会計審議会が設定している**企業会計原則**，企業会計基準委員会が設定している**企業会計基準**，金融庁が設定している**財務諸表等規則**などが，一般に公正妥当と認められる企業会計の基準を構成しています。

　つまり，各企業は，一般に公正妥当と認められる企業会計の基準が定める認識・測定・評価・財務諸表の作成・伝達の方法に従って会計を行い，利害関係者に会計情報を提供しなければなりません。

　なお，わが国のGAAPとして，①企業会計原則・企業会計基準等（日本基準），②SEC基準（米国基準），③IFRS（国際財務報告基準・国際会計基準）および④修正国際基準（2015年7月企業会計基準委員会制定）の4種類の会計ルールが容認されています。

　東京証券取引所の上場会社：2,184社（日本取引所グループ・ウエブサイト公表　2021年10月14日現在）が採用している会計ルールはつぎのとおりです。

| 日本基準採用会社 | 1,957社 | SEC 基準採用会社 | 10社 |
| IFRS 採用会社 | 200社* | その他不明 | 17社 |

＊日本取引所グループ・ウェブサイト（http://www.jpx.co.jp/equities/improvements/ifrs/02.html）による「IFRS 適用済・適用決定会社数（2021年10月現在）」は，東証第一部市場以外の市場（第二部，マザーズ，ジャスダック各市場）を含めて244社。なお，市場の再編が2022年 4 月 4 日に実施され，4 市場が，プライム市場（大企業），スタンダード市場（中堅企業），グロース市場（新興企業等）の 3 市場となる。

＊＊会計基準別の採用会社数は，㈱プロネクサス，「企業情報データベース eol」，http://eoldb.jp/EolDb/Search/CompanySearch.aspx（2021年10月18日）を参照

　また，上記のうち，連結財務諸表を作成している会社は，2,062社（94％），個別財務諸表だけを作成している会社は122社（6 ％）です。

　一般に公正妥当と認められる企業会計の基準では，ある事業活動（会計取引）に対して複数の会計処理（認識・測定・評価）方法が定められている場合がありますから，各企業は，認められた複数の会計処理方法のなかからどれかを（会計ルール内で）選択できることになっています。

　したがって，企業の事業活動を複式簿記によって記録したデータが同じであっても，どのような会計処理方法を選択するかによって，作成される会計情報（財務諸表）の中身が異なることになります。つまり，同じデータであっても，算定される利益は異なるということになります。

　ただし，企業会計原則は，その一般原則の第一に，**真実性の原則**を掲げ，「企業会計は，企業の財政状態及び経営成績に関して，真実な報告を提供するものでなければならない」と規定しています。会計ルールに従って作成される財務諸表は，企業の真実な姿を表示するものでなくてはならないのです。

　会計ルールでは複数の会計処理方法が容認されていますが，企業がそれぞれの状況において選択した会計処理方法を適正に適用して作成される財務諸表は，企業の真実な姿を表すものでなければなりません。このことはとても重要です。

　利益は，つぎの式で求められます。

　　**利益＝収益－費用**

　会計ルールで決めていることは，収益や費用について，

　　●何を含めるのか

●いつの期間に含めるのか

●含めるものの金額をいくらにするのか

です。

また，財務諸表の1つである貸借対照表の項目に関連して，

●貸借対照表項目の保有利得（**含み益**）・保有損失（**含み損**）

を収益や費用に含めるのかということも会計ルールが定めています。

会計ルールには選択肢がありますから，どの選択肢を用いるかで利益の大きさを変えることができることになります。したがって，上記のように，同じデータであっても算定される利益は異なることになるわけです。

しかし，会計ルールで選択肢が認められていますが，会計ルールにのっとって算定される利益には上限と下限（つまり，**利益の幅**）があり，その範囲内であればすべて OK です。このことを示したのが**図表2-3**です。

**図表2-3**　会計ルール内で算定される利益の幅

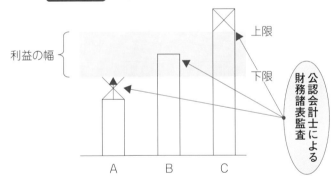

**図表2-3**のうち，AとCの場合は粉飾決算（C）・逆粉飾決算（A）となり，許されません。BはOKです。AやCのようになっていないかどうかを公認会計士が財務諸表監査を行い，検証しています。

大学では，どのような会計処理方法や財務諸表作成・伝達方法がより有用な会計情報の提供にとって必要なのかが**会計学**として研究され，その研究成果にもとづいて会計学の教育が行われています。

利害関係者である（今後を含めて）あなたが会計情報（財務諸表）をうまく使うためには，どのような会計処理方法や財務諸表作成・伝達方法が会計ルー

ルの枠内で認められているのかを知っておかなければなりません。

　そうすれば，たとえ企業によって会計処理方法が異なっていたとしても，同一の会計処理方法を用いて算定すれば利益の金額はどうなるかを推定することができます。また，認められている方法以外に，さらによい方法はないのかについて探求することももちろん会計学の役割です。

## 3■会計期間・会計年度・決算期

　企業は，事業活動を1年限りで行っているわけではなく，永続的に行うことを目標としており，事業活動が終わるまで会計は行われないことになると不都合です。そこで，会計は，時間を区切って期間を設け，各種の計算を行います。

　この期間のことを「**会計期間**」といい，1年間や6カ月間などの会計処理を行う期間のことです。この期間の初日を「期首」，最終日を「期末」といい，期末が「決算日」です。

　会計期間を別の言葉で，「会計年度」，「決算年度」や「決算期」と呼ぶことがあります。この場合，注意すべきは，会計年度が同一であっても決算日がいつかによって，会計期間や決算期が異なることです。たとえば，つぎのような会計期間の違いがあります。「年度」という言葉に要注意です。

| 会計期間 | | 会計年度<br>決算年度 | 決算期 |
|---|---|---|---|
| 期首<br>（会計期間の初日） | 期末＝決算日<br>（会計期間の最終日） | | |
| 2021/4/1 | 2022/3/31 | 2021年度 | 2022年3月期 |
| 2021/5/21 | 2022/5/20 | 2021年度 | 2022年5月期 |
| 2021/9/1 | 2022/8/31 | 2021年度 | 2022年8月期 |
| 2022/1/1 | 2022/12/31 | 2022年度 | 2022年12月期 |
| 2022/4/1 | 2023/3/31 | 2022年度 | 2023年3月期 |

　また，会計期間が3カ月間の場合は四半期，6カ月間の場合は半期といいます。たとえば，2023年3月期（2022年度）の場合，「2022/4/1〜6/30：第1四半期，7/1〜9/30：第2四半期，10/1〜12/31：第3四半期」となります。

# 第3章 ディスクロージャー制度

第2章では，企業の利害関係者とその利害や意思決定について説明してきました。企業は，その利害関係者に対して，企業の状況や事業内容を説明することが必要であるといえます。

企業内容を説明するための情報を企業情報と呼びます。会計情報は，企業情報の1つです。

企業情報の開示について，つぎの3種類の開示が行われています。

- 法定開示
- 適時開示
- 任意開示

## 1 ■法定開示

法定開示とは，法律が企業内容の説明を義務づけているため，企業が行わなければならない開示のことです。

開示とは，ディスクロージャー（disclosure）ともいい，広く一般に公開することです。開示された情報を原則として誰でも自由に利用できることが必要です。

わが国の法定開示として，

① 　金融商品取引法による投資者に対する企業内容等の開示

② 　会社法による株主・債権者に対する報告および一般公衆に対する公告

の2種類が代表的です。

### (1) 金融商品取引法による開示

金融商品取引法（略して「金商法」と呼びます）による投資者のための企業内容等の開示では，投資者が投資の意思決定を行うのに必要な企業情報を上場

会社に開示させることを求めています。

これには，発行開示と継続開示とがあります。

**発行開示**とは，上場会社がその株式や社債などの有価証券を証券市場で発行する場合に求められる企業内容等の開示のことです。

**継続開示**とは，すでに証券市場で株式や社債などの有価証券を発行済みで，その株式などの売買が継続して行われている上場会社に求められる企業内容等の開示のことです。

継続開示は，さらに，(i)**定期報告書制度**，(ii)**臨時報告書制度**の2種類に分かれます。

金商法による企業内容等の開示制度は，**図表3-1**のように整理されます。

**図表3-1**　金商法による企業内容等の開示制度

| | 発行開示 | 継続開示 | |
|---|---|---|---|
| | | 定期報告書制度 | 臨時報告書制度 |
| 開示される情報 | ① 有価証券届出書<br>② 発行登録書<br>③ 発行登録追補書類<br>④ 目論見書 | ① 有価証券報告書<br>② 半期報告書<br>③ 四半期報告書<br>④ 内部統制報告書 | ① 臨時報告書 |

**図表3-1**で示したように，この開示制度であなたが利用できる企業情報は，発行開示制度では4種類，継続開示制度では5種類の情報があります。

これらのうち，企業について情報内容が豊富で，かつ信頼できる企業情報が記載されているのが**有価証券報告書**です。

有価証券報告書は，上場会社が決算日後3カ月以内に開示する義務のある書類です。

有価証券報告書を提出しないとすれば，金融商品取引法第197条の2第5号の規定により，「5年以下の懲役若しくは500万円以下の罰金に処し，又はこれを併科」されることになります。

また，証券取引所では，法定期限の決算日後3カ月経過後1カ月以内に有価証券報告書・半期報告書が提出されなければ，上場廃止となります。ただし，上場廃止となる基準を「法定期限経過後3カ月」に延長する特例措置があり，

**図表3-2**　有価証券報告書記載項目（第3号様式）

**第一部　企業情報**

第1　企業の概況
1　主要な経営指標等の推移
2　沿革
3　事業の内容
4　関係会社の状況
5　従業員の状況

第2　事業の状況
1　経営方針，経営環境及び対処すべき課題等
2　事業等のリスク
3　経営者による財政状態，経営成績及びキャッシュ・フローの状況の分析
4　経営上の重要な契約等
5　研究開発活動

第3　設備の状況
1　設備投資等の概要
2　主要な設備の状況
3　設備の新設，除却等の計画

第4　提出会社の状況
1　株式等の状況
2　自己株式の取得等の状況
3　配当政策
4　コーポレートガバナンスの状況等

第5　経理の状況
1　連結財務諸表等
（1）　連結財務諸表
①　連結貸借対照表
②　連結損益計算書及び連結包括利益計算書（又は連結損益及び包括利益計算書）

③　連結株主資本等変動計算書
④　連結キャッシュ・フロー計算書
注記事項*
セグメント情報
⑤　連結附属明細表
（2）　その他
2　財務諸表等
（1）　財務諸表
①　貸借対照表
②　損益計算書
製造原価明細書（又は売上原価明細書）**
③　株主資本等変動計算書
④　キャッシュ・フロー計算書***
注記事項*
⑤　附属明細表
（2）　主な資産及び負債の内容
（3）　その他

第6　提出会社の株式事務の概要
事業年度，定時株主総会，基準日，株券の種類，剰余金の配当の基準日，1単元の株式数，株式の名義書換え，単元未満株式の買取り，公告掲載方法，株主に対する特典

第7　提出会社の参考情報
1　提出会社の親会社等の情報
2　その他の参考情報

**第二部　提出会社の保証会社等の情報**
（詳細　略）

＊「注記事項」は第3号様式では見出しの表記がないが，ここでは記載場所を追加した。
＊＊連結財務諸表においてセグメント情報を注記している場合には省略可。
＊＊＊連結財務諸表を作成していない場合に記載されるが，ここでは便宜上表記した。

「天災地変等，上場会社の責めに帰すべからざる事由によるものである場合」
が該当します。

その記載項目は，**図表3 - 2**に示したとおりです。この報告書をみれば，そ
の企業の状況や事業内容を正確に把握することができます。

会計情報である**連結財務諸表**（企業グループ全体の財務諸表）や**財務諸表**
（親会社だけの個別財務諸表）が「第5　経理の状況」に記載されていること
を確認してください。

なお，2019年度（2019年4月期から2020年3月期まで）の**有価証券報告書提出
会社数**は**図表3 - 3**に示したとおり，4,024社です。

**図表3 - 3**　　有価証券報告書提出会社数

| 資本金 | 会社数（社） |
|---|---|
| 5億円未満 | 674 |
| 5億円以上　10億円未満 | 562 |
| 10億円以上　50億円未満 | 1,455 |
| 50億円以上　100億円未満 | 454 |
| 100億円以上　200億円未満 | 377 |
| 200億円以上　500億円未満 | 245 |
| 500億円以上1,000億円未満 | 119 |
| 1,000億円以上 | 138 |
| 合計社数 | 4,024 |

（注）　資本金別，2019年4月期〜2020年3月期。
（出所）　日本公認会計士協会情報管理センター，
　　　　「有価証券報告書提出会社関係資料（2019
　　　　年度）」，『会計・監査ジャーナル』第33巻
　　　　第3号，2021年3月，177頁参照。

もう一歩進んだ理解のために（2）

### 臨時報告書

臨時報告書は，つぎのような場合に開示されます。
- ‣ 有価証券の海外での募集・売出し
- ‣ 有価証券の私募発行（特定の第三者へ発行すること）
- ‣ ストック・オプションの発行（届出が不要な場合）
- ‣ 親会社・特定子会社の異動
- ‣ 主要な株主の異動
- ‣ 重要な災害の発生
- ‣ 訴訟の提起・解決
- ‣ 株式交換・株式移転の決定
- ‣ 吸収分割・新設分割の決定
- ‣ 吸収合併・新設合併の決定
- ‣ 重要な事業の譲渡・譲受けの決定
- ‣ 子会社取得の決定
- ‣ 代表取締役の異動
- ‣ 株主総会における決議事項，定時株主総会における決議事項の修正等
- ‣ 監査を担当する公認会計士等の異動
- ‣ 破産手続開始の申し立て等，多額の取立不能債権等の発生
- ‣ 連結子会社に関する上記と同様な事象

（企業内容等開示に関する内閣府令第19条参照）

#### (2)　会社法による開示

　会社法による株主・債権者に対する報告および一般公衆に対する公告では，会社は，

- ● 株式会社のうち大会社（資本金5億円以上または負債総額200億円以上の会社）の場合は，その株主に対して**事業報告**および**計算書類**を直接送付することによる開示（株主総会開催日の2週間前までに「株主総会招集通知」に添付）
- ● 一定の債権者に対して本支店で事業報告および計算書類を**縦覧**できるように備え置くことによる開示

●計算書類のうち貸借対照表および損益計算書（またはこれらの要約）を官報（政府が一般に知らせる事項をまとめて発行する公告機関紙）または日刊紙の全国版に公告することによる開示

の3つの開示を行わなければなりません。

上場会社でかつ大会社である企業は，2つの法律による開示を行わなければならないことになります。

なお，2019年度に会社法による会計監査を受けている企業（上記の大会社）数は，**図表3-4**に示したとおり，5,916社です。

**図表3-4** 会社法監査適用会社数

| 資本金 | 会社数（社） |
|---|---|
| 5億円未満 | 2,139 |
| 5億円以上 10億円未満 | 969 |
| 10億円以上 15億円未満 | 692 |
| 15億円以上 20億円未満 | 325 |
| 20億円以上 30億円未満 | 446 |
| 30億円以上 50億円未満 | 478 |
| 50億円以上100億円未満 | 364 |
| 100億円以上200億円未満 | 248 |
| 200億円以上500億円未満 | 157 |
| 500億円以上 | 98 |
| 合計社数 | 5,916 |

（注） 資本金別，2019年4月期〜2020年3月期。

（出所） 日本公認会計士協会情報管理センター，「会社法監査適用会社関係資料（2019年度）」，『会計・監査ジャーナル』第33巻第3号，2021年3月，180頁参照。

⑶ 2つの法律による開示情報の違い

金融商品取引法と会社法による法定開示は，

① 開示する情報の名称
② それぞれの会計情報の種類
の2点で異なっています。

**図表3-5**　開示情報の名称の違い

| ●金融商品取引法 | ●会社法 |
|---|---|
| 1　会計情報 | 1　会計情報 |
| ① 連結財務諸表（必須） | ① 計算書類等（必須） |
| ② 財務諸表等（必須） | ② 連結計算書類* |
| 2　企業情報 | 2　企業情報 |
| 有価証券報告書の「第5部」以外の情報（必須） | 事業報告（必須） |
| | *有価証券報告書を提出する大会社に必須 |

※本書では，財務諸表・計算書類を主として説明している。

**図表3-6**　会計情報の種類の違い

| ●財務諸表 | ●計算書類 |
|---|---|
| 1　貸借対照表（注記あり） | 1　貸借対照表 |
| 2　損益計算書（注記あり） | 2　損益計算書 |
| 3　株主資本等変動計算書（注記あり） | 3　株主資本等変動計算書 |
| 4　キャッシュ・フロー計算書（注記あり） | 4　個別注記表 |
| ●附属明細表 | ●附属明細書 |

※「注記あり」とは，各財務表に掲載されている項目について，留意すべきことを説明している注釈があるということ。注記は財務諸表のつぎに「注記事項」としてまとめて記載されている。

それぞれの違いを整理したのが**図表3-5**（①の違い）と**図表3-6**（②の違い）です。

## 2■適時開示

上場会社は，法定開示以外に証券取引所の上場規程により，つぎの企業情報を適時に開示することが求められています。
　　●通期決算短信

●四半期決算短信

決算短信とは，決算内容のポイントをまとめた書類で，証券取引所の規則に
もとづき，その開示が要求されています。「短い手紙（私信)」といった趣旨で
す。

決算短信には，年次報告での決算短信（通期決算短信）と四半期報告での決
算短信（四半期決算短信）とがあります。

決算短信の特徴は，法令によって求められた開示ではないことと，次年度の
**業績予想数値**の記載が任意で行われていることにあります。

また，上記の有価証券報告書は，株主総会後に提出される書類ですから，企
業の決算日から最長で3カ月経たないと見ることができません。これに対して，
決算短信は，決算日後おおよそ1カ月から遅くても45日以内には証券取引所に
提出されますから，企業の決算内容をより早くみることができます（**図表3-
7**参照）。

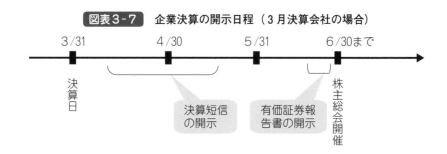

**図表3-7** 企業決算の開示日程（3月決算会社の場合）

このように早期に決算内容の概要をみて意思決定を適時に行えることから，
この開示を**適時開示**といいます。いわば有価証券報告書の速報版といってよい
でしょう。

ただし，有価証券報告書は，そこに記載されている連結財務諸表および財務
諸表について公認会計士または監査法人による監査を受けなければなりません
から，監査の結果，適正に表示されているとの結論が示されていれば，連結財
務諸表や財務諸表を信頼して利用することができます。

これに対して，決算短信は，こういった監査を受ける前の段階で公表されて

いますので，有価証券報告の内容の方がより信頼できることになる点で異なります。

　また，適時開示による情報開示書類として，決算短信のほか，コーポレートガバナンスや独立役員届出書などがあります。主な適時開示書類とその提出時期を整理したものが**図表3-8**です。なお，決算短信の様式は**図表3-9**のとおりです。

**図表3-8**　主な適時開示書類と提出時期（例：3月期決算の場合）

| 月 | 日 | 開示・提出書類 | 開示・提出方法等 |
|---|---|---|---|
| 4月 | 下旬 | 定時株主総会アンケート（3月期決算会社のみ） | アンケート画面の専用URL |
| 5月 | 決算日後45日以内（原則） | 決算短信（通期） | TDnet（適時開示資料の作成・提出） |
| | 決算日後2カ月以内 | 株券等の分布状況表 | Target（書類の提出） |
| | 発送日まで | 株主総会招集通知とその添付書類 | TDnet（縦覧書類の作成・提出） |
| | 変更が生じる日の2週間前まで | 独立役員届出書 | |
| 6月 | 株主総会後遅滞なく | コーポレートガバナンス報告書 | TDnet（縦覧書類の作成・提出） |
| 8月 | 第1四半期決算日後45日以内（原則） | 第1四半期決算短信 | TDnet（適時開示資料の作成・提出） |
| 11月 | 第2四半期決算日後45日以内（原則） | 第2四半期決算短信 | |
| 2月 | 第3四半期決算日後45日以内（原則） | 第3四半期決算短信 | |

TDnet：東京証券取引所が構築・運営している適時開示情報伝達システム（Timely Disclosure network）。決算短信は過去約5年分を閲覧可能。

Target：東京証券取引所と取引参加者・上場会社間での各種提出書類の授受や，上場会社のコーポレートアクション情報などを知らせる「所報」の配信を電子的に行っているシステム。

**（出所）** 日本取引所グループWebsite，「定期的な開示・提出書類の年間スケジュール」，https://www.jpx.co.jp/rules-participants/rules/doc/domestic-stock/index.html（2021年10月21日参照）を筆者の理解で主なものに限定し，一部用語を変更。

| 図表3-9 | 決算短信（サマリー情報）の様式（日本基準・連結財務諸表作成会社の場合） |

□通期第1号参考様式〔日本基準〕（連結）
**　＊＊年＊月期　決算短信〔日本基準〕（連結）**

＊＊年＊＊月＊＊日

上場会社名　○○○○○○株式会社　　　　　　　　上場取引所　東・名・福・札
コード番号　＊＊＊＊　　　　　　　　　URL　http://
代　表　者（役職名）○○○○○○○　　（氏名）○○○　○○○
問合せ責任者（役職名）○○○○○○○　　（氏名）○○○　○○○　　　（TEL）＊＊（＊＊＊＊）＊＊＊＊
定時株主総会開催予定日　　　　＊＊年＊＊月＊＊日　　配当支払開始予定日　　＊＊年＊＊月＊＊日
有価証券報告書提出予定日　　　＊＊年＊＊月＊＊日
決算補足説明資料作成の有無　　：有・無
決算説明会開催の有無　　　　　：有・無（○○○向け）

（百万円未満切捨て）

1．＊＊年＊月期の連結業績（＊＊年＊月＊＊日～＊＊年＊＊月＊＊日）
　（1）連結経営成績　　　　　　　　　　　　　　　　　　（％表示は対前期増減率）

|  | 売上高 | | 営業利益 | | 経常利益 | | 親会社株主に帰属する当期純利益 | |
|---|---|---|---|---|---|---|---|---|
|  | 百万円 | ％ | 百万円 | ％ | 百万円 | ％ | 百万円 | ％ |
| ＊＊年＊月期 |  |  |  |  |  |  |  |  |
| ＊＊年＊月期 |  |  |  |  |  |  |  |  |

（注）包括利益　　＊＊年＊月期　　百万円（　％）　＊＊年＊月期　　百万円（　％）

|  | 1株当たり当期純利益 | 潜在株式調整後1株当たり当期純利益 | 自己資本当期純利益率 | 総資産経常利益率 | 売上高営業利益率 |
|---|---|---|---|---|---|
|  | 円　銭 | 円　銭 | ％ | ％ | ％ |
| ＊＊年＊月期 |  |  |  |  |  |
| ＊＊年＊月期 |  |  |  |  |  |

（参考）持分法投資損益　　＊＊年＊月期　　百万円　　＊＊年＊月期　　百万円

　（2）連結財政状態

|  | 総資産 | 純資産 | 自己資本比率 | 1株当たり純資産 |
|---|---|---|---|---|
|  | 百万円 | 百万円 | ％ | 円　銭 |
| ＊＊年＊月期 |  |  |  |  |
| ＊＊年＊月期 |  |  |  |  |

（参考）自己資本　　＊＊年＊月期　　百万円　　＊＊年＊月期　　百万円

　（3）連結キャッシュ・フローの状況

|  | 営業活動によるキャッシュ・フロー | 投資活動によるキャッシュ・フロー | 財務活動によるキャッシュ・フロー | 現金及び現金同等物期末残高 |
|---|---|---|---|---|
|  | 百万円 | 百万円 | 百万円 | 百万円 |
| ＊＊年＊月期 |  |  |  |  |
| ＊＊年＊月期 |  |  |  |  |

2．配当の状況

|  | 年間配当金 | | | | | 配当金総額（合計） | 配当性向（連結） | 純資産配当率（連結） |
|---|---|---|---|---|---|---|---|---|
|  | 第1四半期末 | 第2四半期末 | 第3四半期末 | 期　末 | 合　計 | | | |
|  | 円　銭 | 円　銭 | 円　銭 | 円　銭 | 円　銭 | 百万円 | ％ | ％ |
| ＊＊年＊月期 |  |  |  |  |  |  |  |  |
| ＊＊年＊月期 |  |  |  |  |  |  |  |  |
| ＊＊年＊月期（予想） |  |  |  |  |  |  |  |  |

ここには投資者が通期業績を見通す際に有用と思われる情報をご記載ください。

※　注記事項
(1)　期中における重要な子会社の異動（連結範囲の変更を伴う特定子会社の異動）：有・無
　　　　　新規　　社　（社名）　　　　　　　　　，除外　　社　（社名）

(2)　会計方針の変更・会計上の見積りの変更・修正再表示
　　①　会計基準等の改正に伴う会計方針の変更　　：有・無
　　②　①以外の会計方針の変更　　　　　　　　　：有・無
　　③　会計上の見積りの変更　　　　　　　　　　：有・無
　　④　修正再表示　　　　　　　　　　　　　　　：有・無

(3)　発行済株式数（普通株式）

| | | | | |
|---|---|---|---|---|
| ①　期末発行済株式数（自己株式を含む） | ＊＊年＊月期 | 株 | ＊＊年＊月期 | 株 |
| ②　期末自己株式数 | ＊＊年＊月期 | 株 | ＊＊年＊月期 | 株 |
| ③　期中平均株式数 | ＊＊年＊月期 | 株 | ＊＊年＊月期 | 株 |

（参考）　個別業績の概要
1．＊＊年＊月期の個別業績（＊＊年＊＊月＊＊日～＊＊年＊＊月＊＊日）
　(1)　個別経営成績　　　　　　　　　　　　　　　　　　（％表示は対前期増減率）

| | 売上高 | | 営業利益 | | 経常利益 | | 当期純利益 | |
|---|---|---|---|---|---|---|---|---|
| | 百万円 | % | 百万円 | % | 百万円 | % | 百万円 | % |
| ＊＊年＊月期 ＊＊年＊月期 | | | | | | | | |

| | 1株当たり 当期純利益 | 潜在株式調整後 1株当たり当期純利益 |
|---|---|---|
| | 円　　銭 | 円　　銭 |
| ＊＊年＊月期 ＊＊年＊月期 | | |

　(2)　個別財政状態

| | 総　資　産 | 純　資　産 | 自己資本比率 | 1株当たり純資産 |
|---|---|---|---|---|
| | 百万円 | 百万円 | % | 円　　銭 |
| ＊＊年＊月期 ＊＊年＊月期 | | | | |

（参考）　自己資本　　　　＊＊年＊月期　　百万円　　　＊＊年＊月期　　　百万円

```
ここには投資者が通期業績を見通す際に有用と思われる情報をご記載ください。
```

※決算短信は公認会計士又は監査法人の監査の対象外です

※業績予想の適切な利用に関する説明，その他特記事項

---

**(出所)**　東京証券取引所「決算短信・四半期決算短信の作成要領等」2020年11月，20-21頁，
　　　　http://www.jpx.co.jp/equities/listed-co/format/summary/tvdivq0000004wuh-att/
　　　　tvdivq000000up10.pdf.
　　＊サマリー情報の「サマリー」とは「要約」したものという意味です。つまり，決算内容
　　を要約した情報がサマリー情報です。

# 3■任意開示

　企業内容開示の第三の範疇は，企業が任意に開示する IR（Investor Relations：インベスター・リレーションズ）などによる情報開示です。

**もう一歩進んだ理解のために（3）**

### 個別注記表

　個別注記表（企業グループの場合，連結注記表）には，法務省令の「会社計算規則」（会社法が規定する会社における計算について詳細を定めている規則）第98条によって，次の事項を記載することになっています。

- ‣ 継続企業の前提に関する注記
- ‣ 重要な会計方針に係る事項（連結注記表にあっては，連結計算書類の作成のための基本となる重要な事項及び連結の範囲又は持分法の適用の範囲の変更）に関する注記
- ‣ 会計方針の変更に関する注記
- ‣ 表示方法の変更に関する注記
- ‣ 会計上の見積りの変更に関する注記
- ‣ 誤謬の訂正に関する注記
- ‣ 貸借対照表等に関する注記
- ‣ 損益計算書に関する注記
- ‣ 株主資本等変動計算書（連結注記表にあっては，連結株主資本等変動計算書）に関する注記
- ‣ 税効果会計に関する注記
- ‣ リースにより使用する固定資産に関する注記
- ‣ 金融商品に関する注記
- ‣ 賃貸等不動産に関する注記
- ‣ 持分法損益等に関する注記
- ‣ 関連当事者との取引に関する注記
- ‣ 一株当たり情報に関する注記
- ‣ 重要な後発事象に関する注記
- ‣ 連結配当規制適用会社に関する注記
- ‣ 収益認識に関する注記
- ‣ その他の注記

　企業は，法定開示および適時開示の要請に従わなければなりませんが，それ
だけを満たしていればよいというわけではありません。自社の事業活動，製品，
商品，サービス，経営の考え方，経営戦略，将来の事業構想，人事採用など，
さまざまな情報を**自由意思**で情報を公開し，社会に対して自社の理解を求めよ
うとしています。

　これらの最もポピュラーなものは，テレビや新聞などでの広告（PR：Public
Relations）でしょう。また，より詳細な情報は，企業のホームページをみれば
入手することができます（たとえば，アニュアルレポートのダウンロード）。
さらに，投資者向けの説明会を開催し，情報を提供しています。

　上記のIRは，投資者向けのPRです。すでに説明したとおり，企業にとって，
直接金融による事業活動資金の獲得の重要性が増しています。直接金融は，株
式を新たに発行して現在の株主または将来の株主（両者をあわせて投資者）か
ら資金を調達するわけですから，自社が魅力的でなければなりません。

　自社の魅力をどのように投資者に伝えるかということを考えると，法定開示
および適時開示で公表される情報が基本的に大切ですが，それだけでは必ずし
も十分とはいえません。

　そこで，任意開示によって自社の魅力を公開することになります。これが
IRによる情報開示です。

　ここで注意しなければならないのは，3種類の開示のうち，この任意開示は，
企業によるPRだということです。任意開示の情報内容は，企業が作成し，開
示しているだけで，第三者が情報内容の正確性をチェックしているわけではあ
りません。つまり，その情報内容は，信頼性の観点で十分であるとはいえませ
ん。

## 4 ■企業情報・会計情報の入手方法

　企業情報・会計情報は，すべてインターネットを通じて入手することができ
ます。

　3種類の開示情報のうち代表的な情報について，それぞれの入手先は以下の
とおりです。

⬤法定開示：

　有価証券報告書　→　金融庁の Web サイト EDINET

　　　　　　　　　　企業の Web サイト「投資者情報」,「IR 情報」など

⬤適時開示：

　決算短信　→　証券取引所の Web サイト（TDnet（適時開示情報閲覧サービス）など）

　　　　　　　企業の Web サイト「投資者情報」,「IR 情報」など

⬤任意開示：

　IR 情報　→　企業の Web サイト「投資者情報」,「IR 情報」など

　これら3種類の開示は，企業の Web サイトでも見られます。たとえば，カルビー株式会社の場合は，**図表3-10**のように表示されています（開示の種類の囲みは追加）。


　以下では，有価証券報告書を金融庁の Web サイトの EDINET から入手する場合のインターネットの画面を掲載していますので，あなたも自分の関心のある会社（ただし上場会社）で試してみてください。

　電子開示システム（EDINET : Electronic Disclosure for Investors' NETwork）は，「金融商品取引法に基づく有価証券報告書等の開示書類に関する電子開示システム」のことです。

　これは，内閣府のコンピュータと，電子開示を行う企業，証券取引所，日本証券業協会のそれぞれをオンラインで結んだ情報システムです。

　電子開示手続による開示書類はすべて，EDINET を通じて行うことが義務化されています。この開示書類には以下があります。

　□有価証券届出書

　□発行登録書，発行登録追補書類

　□有価証券報告書，確認書，四半期報告書，半期報告書，臨時報告書

　□親会社等状況報告書

　□自己株券買付状況報告書

　□内部統制報告書

　□公開買付届出書，公開買付撤回届出書，公開買付報告書，意見表明報告書，

対質問回答報告書

□大量保有報告書

　＊これらの届出書・報告書について訂正するときは，それぞれ訂正届出書・報
　告書があります。

**図表3-10**　カルビーの Web サイトでの3種類の開示

※□：法定開示　　　□：適時開示　　　□：任意開示　　　　　（筆者加筆）

以下，参考まで，EDINET の書類検索ページ（「EDINET」で検索してください）
を掲げておきます。

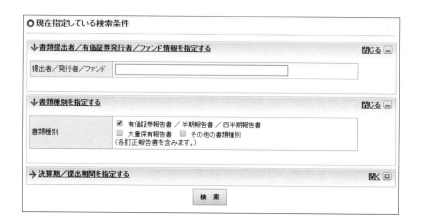

 もう一歩進んだ理解のために（4）

## ホールディングス

　近頃，○○ホールディングス株式会社や株式会社□□ホールディングスといった会社をよく見聞きします。さて，ホールディングスとは何でしょうか。

　ホールディングスとは，持株会社のことです。持株会社には，純粋持株会社と事業持株会社があります。

　純粋持株会社とは，つぎのような特徴をもつ会社です。

　　1．実際に事業活動を行っている多数の子会社・関連会社を持つ。

　　2．子会社・関連会社の経営管理を行い，企業グループ全体の経営戦略，経営計画を行う。いわば，司令塔。

　　3．自らは製造や販売といった事業活動を行わないが，子会社・関連会社に対する株主持分からの利益の分配（配当金）を受け取る。

　これに対して，事業持株会社とは，製造や販売といった事業活動を行うとともに，企業グループ各社の株式を保有して子会社・関連会社を支配しその経営管理も行う会社です。

　したがって，いずれのホールディングスの場合も，個別財務諸表はホールディングス単体の数値を，連結財務諸表は子会社・関連会社分も合算・整理した企業グループ全体の数値をそれぞれ表示しています。

　なお，有価証券報告書を提出する義務がある会社には，上場会社だけではなく，店頭売買有価証券の発行会社，有価証券届出書・発行登録追補書類の提出会社および株主数が1,000人以上の会社も含まれます。

# 第4章 有価証券報告書／決算短信／アニュアルレポート／統合報告書

## 1 ■財務諸表の開示場所

　会計情報として基本的な**財務諸表・連結財務諸表**は，どこに開示されているでしょうか。

　金融商品取引法，証券取引所上場規程，および会社法が定めている内容に従い，財務諸表が開示される書類をまとめたものが**図表4－1**です。

　図表からわかるとおり，財務諸表または連結財務諸表は，つぎのように開示されています。

① 　金融商品取引法が定めている代表的な開示書類のうち，**有価証券報告書**や**四半期報告書**において，前者では連結財務諸表と財務諸表が，後者では四半期連結財務諸表と四半期財務諸表がそれぞれ開示されています。

② 　証券取引所上場規程第404条により，**適時開示**を目的として，**決算短信**（「決算短信（サマリー情報）」と「決算短信（添付資料）」）が開示されます。「決算短信（添付資料）」や「四半期決算短信（添付資料）」において連結財務諸表・財務諸表や四半期連結財務諸表・四半期財務諸表がそれぞれ開示されます。

　　「決算短信（サマリー情報）」や「四半期決算短信（サマリー情報）」では，連結・個別財務諸表の概要や四半期連結・個別財務諸表の概要が開示されています。ただし，銀行業や保険業に属する企業（特定事業会社）は第2四半期決算短信（中間決算短信）において財務諸表等が開示されます。

③ 　会社法第435条第2項に従い，**計算書類**（または**連結計算書類**）および**事業報告**とそれらの附属明細書が定時株主総会開催通知の添付書類として開示されています。計算書類の種類は，財務諸表のうちキャッシュ・フロー計算書（CF/S）がなく，財務諸表注記が個別注記表にまとめられて

### 図表4-1　開示書類と財務諸表

| 法令等 | 提出先 | 開示書類 | 財務諸表 | 提出理由 | 提出期限 |
|---|---|---|---|---|---|
| 金融商品取引法 | 内閣総理大臣（財務局長） | 有価証券報告書（法第24条） | 連結・個別財務諸表（B/S・P/L・CF/S・株主資本等変動計算書・附属明細表） | 定期報告（各事業年度ごと）のため | 決算日後3カ月以内 |
| | | 四半期報告書 | 四半期連結・個別財務諸表 | 定期報告（四半期ごと）のため | 四半期決算日後45日以内 |
| | | 臨時報告書 | － | 合併・営業譲渡など重要な事象発生の事実の伝達のため | 理由が生じたとき |
| | | 有価証券届出書 | 連結・個別財務諸表等（場合によって異なる） | 新規に株式上場する場合など企業内容を伝達するため | 理由が生じたとき |
| 証券取引所上場規程 | 証券取引所 | 決算短信 | 連結・個別財務諸表 | 適時開示のため | 決算内容確定後早期に（遅くとも各決算日後45日以内，努力目標は30日以内） |
| | | 四半期決算短信 | 四半期連結・個別財務諸表 | | |
| | | 中間決算短信（特定事業会社） | 中間連結・個別財務諸表 | | |
| 会社法 | 株主 | 計算書類等 | 計算書類（B/S・P/L・株主資本等変動計算書・個別注記表）・同附属明細書＋事業報告・同附属明細書　連結計算書類(連結 B/S・P/L・株主資本等変動計算書・注記表) | 定時株主総会での報告・承認のため | 決算日後3カ月内 |

※B/S：貸借対照表，P/L：損益計算書，CF/S：キャッシュ・フロー計算書

いる点を除けば，財務諸表と同じです。ただし，計算書類と財務諸表とでは詳細さの点で記載内容が異なっています。

## ２■有価証券報告書

有価証券報告書は，上場会社等に継続開示として，毎事業年度終了後３カ月以内に開示することが求められる書類です。

有価証券報告書には，

①　会社の属する企業集団およびその会社の事業内容や経理状況に関する重要な事項

②　その他の公益または投資家保護のため必要かつ適当な事項

が記載されています。

具体的には，「企業の概況」「事業の状況」「設備の状況」「提出会社の状況」「経理の状況」など，100頁を超える豊富な情報量です。有用な投資情報として有価証券報告書に優るものはないといえます。

有価証券報告書の記載項目については53頁の**図表３-２**を見てください。

## ３■決算短信

決算短信は，適時開示（タイムリー・ディスクロージャー）のために上場会社に対して公開することが要求されている財務情報です。決算短信（サマリー）の具体的な記載項目は第３章の図表３-９を参照してください。

決算短信（添付資料）に財務諸表や連結財務諸表が掲載されています。

決算短信はどのように開示されているでしょうか。実際の例で確認しましょう。

**図表４-２**は，江崎グリコの決算短信の実際例の抜粋です。

図表からつぎの諸点がわかります。

●第２四半期・３カ月間の連結経営成績と連結財政状態が８月５日という早期に発表されています。

●2021年12月期の連結業績予想５項目が掲載されています。

## 図表4-2　決算短信の実際例（江崎グリコ）

| 実際の決算短信の抜粋 |

決算短信（サマリー）

### 2021年12月期　第2四半期決算短信〔日本基準〕（連結）

2021年8月5日

上場会社名　　江崎グリコ株式会社　　　　　　　　　　　　　　　　　　　　上場取引所　東
コード番号　　2206　　URL　https://www.glico.com/jp/
代表者　　　（役職名）代表取締役社長　　　　　　（氏名）江崎勝久
問合せ先責任者　（役職名）常務執行役員経営企画本部　（氏名）高橋真一　　　TEL　06-6477-8404
　　　　　　　　　　　ファイナンス部長
四半期報告書提出予定日　2021年8月6日　　　　配当支払開始予定日　2021年9月3日
四半期決算補足説明資料作成の有無：有
四半期決算説明会開催の有無　　　：有（アナリスト・機関投資家向け）

（百万円未満切捨て）

1．2021年12月期第2四半期の連結業績（2021年1月1日～2021年6月30日）
（1）連結経営成績（累計）　　　　　　　　　　　　　　　　　（％表示は、対前年同四半期増減率）

|  | 売上高 | | 営業利益 | | 経常利益 | | 親会社株主に帰属する四半期純利益 | |
|---|---|---|---|---|---|---|---|---|
|  | 百万円 | ％ | 百万円 | ％ | 百万円 | ％ | 百万円 | ％ |
| 2021年12月期第2四半期 | 160,300 | △3.4 | 9,971 | 14.2 | 11,186 | 15.7 | 7,880 | 25.4 |
| 2020年12月期第2四半期 | 165,975 | － | 8,731 | － | 9,671 | － | 6,283 | － |

（注）包括利益　2021年12月期第2四半期　13,773百万円（253.2%）　2020年12月期第2四半期　3,900百万円（－％）

|  | 1株当たり四半期純利益 | 潜在株式調整後1株当たり四半期純利益 |
|---|---|---|
|  | 円　銭 | 円　銭 |
| 2021年12月期第2四半期 | 121.54 | － |
| 2020年12月期第2四半期 | 96.79 | － |

　当社は、2019年12月期より決算期を3月31日から12月31日に変更いたしました。これに伴い2020年12月期第2四半期
（2020年1月1日から2020年6月30日まで）と、比較対象となる2019年12月期第2四半期（2019年4月1日から2019年9
月30日まで）の期間が異なるため、対前年同四半期増減率については記載しておりません。

（2）連結財政状態

|  | 総資産 | 純資産 | 自己資本比率 |
|---|---|---|---|
|  | 百万円 | 百万円 | ％ |
| 2021年12月期第2四半期 | 343,071 | 234,219 | 68.2 |
| 2020年12月期 | 340,081 | 222,551 | 65.2 |

（参考）自己資本　2021年12月期第2四半期　233,873百万円　2020年12月期　221,755百万円

2．配当の状況

|  | 年間配当金 | | | | |
|---|---|---|---|---|---|
|  | 第1四半期末 | 第2四半期末 | 第3四半期末 | 期末 | 合計 |
|  | 円　銭 | 円　銭 | 円　銭 | 円　銭 | 円　銭 |
| 2020年12月期 | － | 30.00 | － | 35.00 | 65.00 |
| 2021年12月期 | － | 35.00 | | | |
| 2021年12月期（予想） | | | － | 35.00 | 70.00 |

（注）直近に公表されている配当予想からの修正の有無：無

3．2021年12月期の連結業績予想（2021年1月1日～2021年12月31日）

（％表示は、対前期増減率）

|  | 売上高 | | 営業利益 | | 経常利益 | | 親会社株主に帰属する当期純利益 | | 1株当たり当期純利益 |
|---|---|---|---|---|---|---|---|---|---|
|  | 百万円 | ％ | 百万円 | ％ | 百万円 | ％ | 百万円 | ％ | 円　銭 |
| 通期 | 344,000 | △0.0 | 19,000 | 2.6 | 19,500 | △0.7 | 12,000 | 1.4 | 185.12 |

（注）直近に公表されている業績予想からの修正の有無：有

※　注記事項
　（1）当四半期連結累計期間における重要な子会社の異動（連結範囲の変更を伴う特定子会社の異動）：無
　　　新規　－社　（社名）－、除外　－社　（社名）－

決算短信（サマリー）

（2）四半期連結財務諸表の作成に特有の会計処理の適用：無

（3）会計方針の変更・会計上の見積りの変更・修正再表示
① 会計基準等の改正に伴う会計方針の変更　　　：無
② ①以外の会計方針の変更　　　　　　　　　　：無
③ 会計上の見積りの変更　　　　　　　　　　　：無
④ 修正再表示　　　　　　　　　　　　　　　　：無

（4）発行済株式数（普通株式）

| | | | | |
|---|---|---|---|---|
| ① 期末発行済株式数（自己株式を含む） | 2021年12月期2Q | 68,468,569株 | 2020年12月期 | 68,468,569株 |
| ② 期末自己株式数 | 2021年12月期2Q | 3,609,628株 | 2020年12月期 | 3,645,167株 |
| ③ 期中平均株式数（四半期累計） | 2021年12月期2Q | 64,839,893株 | 2020年12月期2Q | 64,919,103株 |

※　四半期決算短信は公認会計士又は監査法人の四半期レビューの対象外です

※　業績予想の適切な利用に関する説明、その他特記事項
　　本資料に記載されている業績見通し等の将来に関する記述は、当社が現在入手している情報及び合理的であると判断する一定の前提に基づいており、その達成を当社として約束する趣旨のものではありません。また、実際の業績等は様々な要因により大きく異なる可能性があります。業績予想の前提となる条件及び業績予想のご利用にあたっての注意事項等については、添付資料4ページ「1.当四半期決算に関する定性的情報（3）連結業績予想などの将来予測情報に関する説明」をご覧ください。

決算短信（添付資料）

○添付資料の目次

（以下，省略）

●決算短信は，公認会計士または監査法人による四半期レビューの対象外となっており，第三者の専門家による情報の信頼性のチェックを受けていません。

　これは，決算短信等の意義が法定開示に対する速報にあることから，期末監査や四半期レビューの終了を待つことなく，「決算の内容が定まった」と会社が判断した時点で早期の開示を行うことが要請されているからです。

●添付資料に四半期決算に関する説明と四半期連結 B/S と四半期連結 P/L が掲載されていますが，四半期連結キャッシュ・フロー計算書はありません。

●会社の独自の情報提供として「決算短信補足説明資料」も添付されており，連結経営成績と連結財政状態について，前年度の第2四半期のデータとの比較が行われています。

## 4 ■アニュアルレポート

　アニュアルレポート（annual report）とは，株主・投資者向けの年次報告書のことです。

　金融商品取引法による有価証券報告書や会社法による計算書類・事業報告は，その内容が法制度によって決められています。アニュアルレポートは，財務諸表・計算書類を含む点で有価証券報告書と同じですが，企業ヴィジョン，社風，経営者の理念，経営戦略，社員状況，顧客満足度，環境エコ活動などを任意に説明している点で異なります。

　アニュアルレポートは，経営活動を知るうえで必須の資料といえます。

　なお，これは，もともとアメリカの SEC（Securities and Exchange Commission，証券取引委員会）が証券発行者（上場会社）に対して要求している，

　①　登録する際に提出した情報を更新するための情報

　②　年次・四半期ごとの変化の情報

を記載した報告書のことです。

　アメリカの上場会社は，アメリカ証券取引所法に従って，アニュアルレポートを会計年度の終了後90日以内に毎年提出する義務があります。株主へ送付さ

れる報告書としての意義が強く，インベスター・リレーションズ（investor relations：IR）の一環として重視されています。

# 5■統合報告書

第3章の「任意開示」において，IRのための情報開示について説明しました。会社はさまざまな情報をIR情報としてWebで公開しています。

IR情報のうち，地球環境問題や人権保護（児童労働・強制労働や差別・ハラスメントの禁止，働きやすい職場環境，過労死の防止など）のために会社がどのように対応しているかを説明する，「社会・環境報告書」「サステナビリティレポート」「CSR報告書」などの名称で，各種情報が開示されてきました。

サステナビリティとは持続可能性（地球環境を保全し次世代も居住できる社会づくり），CSRとはCorporate Social Responsibility（企業の社会的責任）を意味しています。

これは，国際連合が2015年9月に採択した，持続可能な世界を実現するための2016年から2030年までの17のゴール，すなわち「SDGs（持続可能な開発目標）」への取組みが必要となったことから，上場会社を中心に，SDGsへの取組状況をIR情報として公開する会社が増えました。

これは，地球環境はもとより，人権保護，社会共生など幅広い目標に対して，会社がどのように対応しているかについての情報提供です。ごく簡単にいうならば，会社は営利を目的としているだけでは不十分で，持続可能な社会の実現に対してどれほどの付加価値をもたらそうとし，また実際にもたらしているかが重視されていることになります。

そこで，上記の有価証券報告書やアニュアルレポート，サステナビリティレポートやCSR報告書を1つの報告書にまとめ，持続可能な社会に向けて，会社が提供する付加価値を説明する情報が「統合報告書」という名称で公開されるようになりました。東証一部上場会社の約2割弱の会社がこれを公表しています。

会社の事業活動を理解するうえで統合報告書は必須のものとなりつつあります。みなさんもWebで検索して実際の統合報告書を見てください。

# 6■財務諸表の信頼性の確保

　財務諸表にうそ偽りがあると，意思決定にどのような影響があるでしょうか。
第1章ですでに説明していますが，再度まとめておきます。

・**ヒト**：財務諸表をみて成長すると思って入社したのに，架空の売上で業績を
　　　みせかけ，挙句の果てに倒産。財務諸表にうそがなければ，こんな会
　　　社に入社しなかったのに。

・**モノ**：財務諸表をみて信用力のある仕入先と思っていたのに，架空の現金や
　　　銀行預金があり，運転資金が不足し，部品を製造できなくなり，当社
　　　への部品の供給が中止された。当社は，工場を休止し，部品の調達先
　　　の確保に奔走するはめに。工場停止による損害は多額に上った。

・**カネ**：財務諸表を粉飾して，架空の売上と売掛金を計上し，当期純利益を
　　　30%増加させたインチキな財務諸表により，銀行から借入れをし，新
　　　株も発行して多額の資金を調達していたところ，粉飾が発覚して，銀
　　　行からは全額返済を求められ，株主からは損害賠償請求を受けて敗訴
　　　した。調達した資金を返済することができず，倒産するはめに。
　　　銀行や株主の立場からみれば，貸し出した貸付金が返済されず，購入
　　　した株式は，購入した価格より大幅に下落した価格でしか売却できず，
　　　いずれも元手のお金を失うことになってしまい，財務諸表を信じたば
　　　かりに大損害。

・**情報**：コストが予定よりかかりすぎているのに，それを偽ってコストが予定
　　　通りとの財務情報が経営者に伝達されれば，事業活動の見直しが行わ
　　　れず，その結果，コストのたれ流し，隠れた損失の拡大につながり，
　　　経営を失敗してしまう。

　これらのようなことにならないよう，少なくとも財務諸表など財務情報の信
頼性を確保しておくことが必要です。
　質の良い有用な情報の開示につながるよう，財務情報の信頼性を確保する方
法として，つぎの5つがあります。

◉経営者に対して自ら信頼性のある財務諸表を作成していることを確認させる……**経営者による確認書の作成・提出**

◉財務諸表の作成プロセスに誤りや不正が生じないようにコントロールを徹底する方法……財務報告にかかる**内部統制の構築**（経営者の責任）

◉構築された内部統制が有効に機能していることを経営者が自ら宣言する方法……**内部統制報告書の開示**（経営者の責任）

◉開示された内部統制報告書の信頼性を，企業外部の利害関係のない会計専門家（公認会計士）に確かめてもらう方法……**内部統制監査の実施**

◉財務諸表の信頼性を，企業外部の利害関係のない会計専門家（公認会計士）に確かめてもらう……**財務諸表監査の実施**

　このように財務諸表についてはその信頼性を確保する方法が法令で義務付けられています。これに対して，非財務情報（有価証券報告書やアニュアルレポートの財務諸表以外の情報，サステナビリティレポート，ESG レポート，CSR 報告書，統合報告書）の信頼性を確保するための方法として，たとえば監査は要求されていません。非財務情報の利用にあたって，この点に留意する必要があります。

ACCOUNTING

# 第2部
# 財務諸表の構成

# 第5章　貸借対照表

　これまでに説明したとおり，会計情報の中心は，財務諸表です。また，資本主義社会を担う投資者の知りたいことは，利害関係者に共通といってよいでしょう。

　そこで，投資者が企業に投資を行う場合，財務諸表から何を読み取って，その意思決定に利用できるかを検討します。

　投資者が財務諸表から読み取りたいのは，

| 収益性 | 安全性 | 成長性 | 効率性 |

の4点が一般的です。財務諸表を使ってこれらを分析（財務諸表分析）するわけですが，そのためには，まず財務諸表の中身を理解しておかなければなりません。

　会計情報として財務諸表の中心となる情報は，

- 貸借対照表（Balance Sheet：B/S）
- 損益計算書（Profit and Loss Statement：P/L）
- キャッシュ・フロー計算書（Cash Flow Statement：CF/S）

です。

　第2部では，財務諸表の中身を理解するため，本章で貸借対照表，第6章で損益計算書，第7章でキャッシュ・フロー計算書，第8章でこれらに関連する，株主資本等変動計算書，セグメント情報，製造原価明細書をそれぞれ説明します。

　なお，財務諸表の作成について，各企業が自由に作成してよいわけではありません。各企業がそれぞれの考え方や計算方法で財務諸表を作成してしまうと，企業間の比較ができなくなり，財務諸表の有用性が小さくなるからです。

　このため，財務諸表の作成については，「一般に公正妥当と認められる企業会計の基準」に従うことが求められています。

　そこで，以下では，この基準に従って説明を行います。

## 1 ■貸借対照表の意義

　貸借対照表は，企業の決算日時点の**財政状態**を表示しています。

　企業会計原則は，「貸借対照表は，企業の財政状態を明らかにするため，貸借対照表日におけるすべての資産，負債及び資本を記載し，株主，債権者その他の利害関係者にこれを正しく表示するものでなければならない」（貸借対照表原則一）と定めています。

　つまり，つぎのことが定められているわけです。

　　　●作成目的……企業の財政状態を明らかにすること
　　　●記載項目……貸借対照表日（決算日）におけるすべての資産・負債・資本
　　　●開示対象……株主・債権者・その他の利害関係者

　財政状態とは，決算日時点における，**資金の調達源泉**と**資金の運用形態**との**釣り合いの状態**のことです。つまり，決算日時点で，企業がどこから事業活動の資金を得て，その資金をどのように利用しているかを表しています。

　事業活動の資金の調達源泉は，貸借対照表の右側の「貸方<sup>かしかた</sup>」で表示されます。

　つまり，返済義務のある資金を「負債」に，返済義務のない資金を「資本」（純資産）にそれぞれ示しています。

　事業活動の資金の運用形態は，貸借対照表の左側の「借方<sup>かりかた</sup>」で表示されます。

**図表5-1**　貸借対照表の基本的内容

（会社名）　　　　　　　　　　貸借対照表　　　（金額単位：百万円または千円）

| 資　産 | | 負債・純資産 | |
|---|---|---|---|
| 項　　目 | 金　　額 | 項　　目 | 金　　額 |
| 資　　産 | ○○○ | 負　債 | ○○○ |
| | | 純資産 | ○○○ |
| 資産合計 | ○○○ | 負債・純資産合計 | ○○○ |

※○は数字

　つまり，調達した資金（企業の設立時は現金）がカネ以外にどのようなモノ
（「資産」）に利用されているかが示されています。
　このような資金の調達源泉と運用形態との釣り合いの状態を財政状態と呼ん
でいます。**図表５−１**に貸借対照表の基本的な内容を示しています。

## ２■貸借対照表の内容

　貸借対照表の借方には**資産**が示されています。
　資産とは，過去の取引・事象の結果として企業が所有している経済的資源で
す。資産は，その利用によって，将来（次期以降）にキャッシュ・インフロー
（キャッシュが企業に入ってくること）につながるものということができます。
　貸借対照表の貸方には**負債**と**純資産**が示されています。
　負債とは，過去の取引・事象の結果として企業が負担すべき経済的義務です。
負債は，将来に企業に対してキャッシュ・アウトフロー（キャッシュが企業か
ら出ていくこと）につながるものということができます。
　純資産とは，資産と負債との差額です。つまり，負債を返済して残る正味の
資産といい換えることができます。
　なお，純資産は，従来，「資本」と呼ばれていましたが，現在は，「資本」に加
えて，資本には分類できない項目が加わっているため「純資産」と呼ばれています。

## ３■貸借対照表の表示形式

　貸借対照表の表示形式には，報告式と勘定式の２種類の形式があります。
　**報告式**とは，上から，資産−負債−純資産の順序で表示する形式です。上か
ら順番に見ていけば理解できるので，報告式と呼ばれています。
　これに対して，**勘定式**とは，**図表５−１**に示したように，財政状態を明示す
るのに適した表示形式で，左側に資産，右側に負債と純資産をそれぞれ並列さ
せて表示する形式です。複式簿記において計算する場所である「勘定」と同じ
構造であるため，勘定式と呼ばれています。
　なお，勘定式の貸借対照表には，項目名とその金額が記載されますが，視覚

的にどの項目が金額的に重要なのかをわかりやすくするために**百分率貸借対照表**を作成します。

　これは，資産の合計（負債と純資産の合計と一致します）を100％としたとき，各項目が何％になるか，割合の大きさで貸借対照表を表すものです。**図表5－2**は，2020年度のわが国の全産業（ただし，金融・保険業を除く）の企業すべての貸借対照表を合算して百分率で示したものです。

**図表5-2**　全産業（金融・保険を除く）の百分率貸借対照表

2020年度全産業（金融・保険除く）企業
百分率貸借対照表　　　　　　　　（単位：％）

| 資　産 | | | 負債・純資産 | | | | |
|---|---|---|---|---|---|---|---|
| 流動資産 43.31% | 当座資産 | 26.55% | 負債 59.31% | 流動負債 | | 29.04% | 自己株式 △1.49% |
| | 棚卸資産 | 6.35% | | | | | 評価・換算差額等 1.47% |
| | その他流動資産 | 10.41% | | 固定負債 | | 30.27% | |
| 固定資産 56.51% | 有形固定資産 | 26.05% | 純資産 40.69% | 株主資本 39.19% | 資本金 | 5.73% | |
| | 無形固定資産 | 1.45% | | | 資本剰余金 | 9.19% | |
| | 投資その他の資産 | 29.01% | | | 利益剰余金 | 25.77% | 新株予約権 0.02% |
| | 繰延資産 | 0.18% | | | | | |
| 資産合計 | | 100.00% | 負債・純資産合計 | | | 100.00% | |

※1　本図表の元データは，政府統計の総合窓口（e-Stat），「法人企業統計調査 時系列データ：金融業，保険業以外の業種（原数値）」（2021年9月1日公表（更新）），https://www.e-stat.go.jp/stat-search/database?page=1&layout=datalist&toukei=00350600&tstat=000001047744&cycle=8&tclass1=000001049372&tclass2val=0（2021年10月18日参照）による。なお，資産合計は，1,879兆6,580億円である。また，「特別法上の準備金」は便宜的に「固定負債」に含めている。
※2　図表中の割合は小数点以下第3位で四捨五入している。

# 4■資産項目

### ⑴　資産の分類
資産は，つぎの3つに分類されます。
- 流動資産
- 固定資産
- 繰延資産

　まず，**流動資産**は1年以内にキャッシュになるのに対して，**固定資産**は1年以内にキャッシュにはならず，1年を超えて企業の生産活動に使用されます。つまり，流動資産と固定資産とを区別すれば，決算日以後1年以内にキャッシュとなる資金の大きさがわかります。

　この区別をするためのルールにはつぎの2つがあります。
- 正常営業循環基準
- 1年基準

　**正常営業循環基準**とは，正常営業循環期間内にキャッシュになる資産は，流動資産に分類するというルールです。

　正常営業循環期間とは，企業の事業活動が正常に（異常な事態が生じないことを前提に）実施されるならば，事業活動資金（カネ）がモノになって，再びカネに戻るという一循環に要する期間のことです。

　たとえば，自動車販売会社の場合を考えてみましょう。当初に事業活動資金として調達していた「現金」は，自動車を仕入れ，それを販売することによって，「自動車の仕入代金 プラス 利益」の「現金＋」を得ることができます。「現金＋」はつぎの営業循環に使われます。つまり，**図表5-3**に示した営業循環が一循環です。

　自動車販売会社にとって，一営業循環が1年間で何回も回れば回るほど利益を多く得ることができます。最初の「現金」と販売によって得る「現金＋」とでは，利益の額だけ増えているからです。一営業循環で5万円の利益が得られるとすれば，1年間で営業循環が10回ならば50万円の利益，営業循環が100回ならば500万円の利益となるからです。

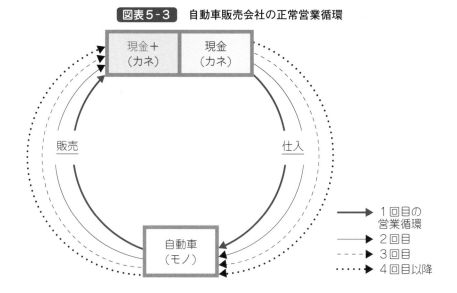

**図表5-3** 自動車販売会社の正常営業循環

現金＋
（カネ）

現金
（カネ）

販売

仕入

自動車
（モノ）

→ 1回目の営業循環
→ 2回目
⇢ 3回目
⋯⋯▶ 4回目以降

　このような正常営業循環の途中にあるカネやモノが流動資産として分類されます。原材料，半製品，製品，商品，売掛金，受取手形，現金預金などは流動資産として扱われます。これに対して，営業活動のために長期にわたり継続的に使用されるモノは，固定資産に分類されます。

　つぎに，正常営業循環にないモノ，あるいは正常営業循環とは無関係のモノは，決算日後1年以内にキャッシュになるかどうかで区別され，キャッシュになるモノを流動資産とします。これが1年基準のルールです。

　したがって，流動資産とは，正常営業循環期間内または1年以内にキャッシュとなる資産です。なお，資産の分類は，「正常営業循環基準 → 1年基準の順序」で考慮されます。

　正常営業循環期間は，たいていの場合，1年より短いといえます。しかし，そうでない場合もあります。1年では完成できない建物を請負建設しているような場合です。

⑵　**流動資産**
流動資産は，さらにつぎの3つに細分類されます。

- 当座資産
- 棚卸資産
- その他流動資産

　これらの区別は，貸借対照表には表示されていませんが，流動資産の区分の最初から順番に並べられています。

　まず，**当座資産**とは，1〜3カ月以内に現金化できる**現金・預金**，**売掛金**（商品・製品を販売，代金を将来に支払ってもらう権利（債権）），**受取手形**（商品・製品を販売，代金を約束手形で受け取った債権），（売買目的の）**有価証券**（他社が発行している株式など）です。

　売掛金と受取手形をあわせて**売上債権**と呼びますが，この債権金額のうち将来受け取ることができないと予想する金額は，**貸倒引当金**として当座資産のマイナス項目として表示されます。

　つぎに，**棚卸資産**とは，棚卸の手続により数量を計算することができる資産です。これには，商品，製品，半製品，仕掛品，原材料，貯蔵品があります。これらはすべてその個数や容量を数えられます。

　**商品**は，販売を目的として他社から仕入れてきたものです。**製品**は，自社工場などで製造したものです。**半製品**は，半分製品になったものですが，より正確には，ある製品をたとえば5つの製造工程を経て完成させる場合，いずれかの工程を終了したものを半製品と呼び，工程の途中にあるものを**仕掛品**といいます。また，**原材料**は，製品を製造するための文字通り材料です。

　**貯蔵品**は，事務用消耗品（文房具），包装用・荷造発送用の材料（包装紙やダンボール箱），消耗工具器具備品（ドライバー），工場用消耗品（ネジ），燃料，広告宣伝用印刷物，見本品などです。

　また，**その他流動資産**とは，当座資産や棚卸資産ではなく，決算日後1年以内に現金化できる資産などです。

　これには，**短期貸付金**（1年以内に返済してもらうことになる貸付金），**前払費用**（次期の費用の前払分。たとえば，今年分と来年半年分の家賃を支払った場合，来年半年分が前払家賃），**未収入金**（商品・製品以外の所有物を売却したがその代金を決算日時点ではまだ受け取っていない場合に次期に代金を支払ってもらう権利）などがあります。

もう一歩進んだ理解のために（5）
. . . . . . . . . . . . . . . . . . . . . . . . . . . . . . . . . . . . . . . . . . .

### 貸倒引当金

「貸倒引当金」とは，売上債権の金額のうち，将来に返ってくる見込みのない金額を見込んだ分です。たとえば，売掛金や受取手形はいずれも債権ですが，会社にとって全額回収できるかどうか不明です。そこで，過去の経験から，債権のうち何％かは回収できない（支払ってもらえない）と判断して，「返ってくる見込みのない」分を貸倒引当金という名称で記録しているわけです。

なお，当座資産の「売掛金」や「受取手形」に対する「貸倒引当金」のほか，「その他流動資産」の「短期貸付金」や「未収入金」に対する「貸倒引当金」もあります。

また，投資その他の資産の1つとして「長期貸付金」があります。この貸付金のうち，将来に返済されない可能性がある金額も「貸倒引当金」として計上します。

### ⑶　固定資産

固定資産とは，正常営業循環期間または1年を超える長期間にわたって事業活動に使用される資産です。これは，つぎの3つに細分類されます。

- 有形固定資産
- 無形固定資産
- 投資その他の資産

まず，**有形固定資産**とは，物理的に形のあるもので，長期間にわたって使用する資産です。

これには，建物，構築物，機械・装置，車両運搬具，工具・器具・備品，土地，リース資産，建設仮勘定などがあります。

これらのうち，**構築物**とは，煙突・広告塔・看板・緑化設備・塀・舗装道路のことです。また，**リース資産**とは，機械や装置などを賃貸借契約によってリース会社から借りている有形固定資産で，建設仮勘定とは，建物などを自社で建設中でまだ完成していないものです（完成すれば建物になります）。

つぎに，**無形固定資産**とは，法律上の権利やのれん（営業権）などで物理的な形のない資産です。事業活動上，他の企業に比べて有利さをもたらすものであるため，資産に含められています。

もう一歩進んだ理解のために（6）

## 流動資産の3分類（純粋持株会社の場合）

　流動資産の3つの分類は，貸借対照表に明示されていません。貸借対照表を利用する人が自分で区別する必要があります。

　この区別を行う場合，つぎのような場合はどう理解すればいいでしょうか。つまり，親会社の貸借対照表には棚卸資産に相当する項目はありませんが，企業グループの連結貸借対照表には棚卸資産として3つの項目が示されています。

<table>
<tr><td>2 【財務諸表等】<br>　(1) 【財務諸表】<br>　　① 【貸借対照表】</td><td>2 【連結財務諸表等】<br>　(1) 【連結財務諸表】<br>　　① 【連結貸借対照表】</td></tr>
<tr><td>資産の部<br>　流動資産<br>　　現金及び預金<br>　　前払費用<br>　　繰延税金資産<br>　　未収還付法人税等<br>　　関係会社短期貸付金<br>　　その他<br>　　流動資産合計<br>　固定資産</td><td>資産の部<br>　流動資産<br>　　現金及び預金<br>　　受取手形及び売掛金<br>　　商品及び製品<br>　　仕掛金<br>　　原材料及び貯蔵品<br>　　繰延税金資産<br>　　その他<br>　　貸倒引当金<br>　　流動資産合計<br>　固定資産</td></tr>
</table>

　　※ ⬭：当座資産　　⬭：棚卸資産　　⌐ ⌐：その他流動資産

　この企業グループの親会社は，純粋持株会社（「もう一歩進んだ理解のために（4）」を参照）で具体的な事業を実施するのではなく，企業グループに属する子会社の経営管理を専業としているということです。具体的な事業が行われていないため，貸借対照表には棚卸資産がありません。

　ところが，連結貸借対照表は，具体的な事業を実施している子会社の資産も合算されて含まれるので棚卸資産が表示されているのです。

これには，法律上の権利，特定施設の利用権，ソフトウェア，のれんがあります。

**法律上の権利**とは，特許権，商標権，実用新案権，意匠権，著作権，借地権（地上権含む），漁業権，鉱業権などです。

**特定施設の利用権**とは，電話加入権，水道施設利用権，電気ガス供給施設利用権，電気通信施設利用権などです。

**のれん**は，他の会社を買収・合併したときに支払った対価が他の会社の純資産額を超える場合にその差額を資産としたものです。これは他の会社が業界の平均的な会社より超過収益力（より多くの利益を獲得できる力）を持っていることを意味しています。

しかし，ブランドや顧客名簿など，無形資産として計上すべきものもありますが，それらの価値を客観的に算定することが困難であるため，現時点では，無形固定資産として計上されていません。

**投資その他の資産**とは，長期の利殖（利子などを得て財産を増やすこと），他の企業の支配，取引関係の保持などのために長期間保有する資産です。

これには，**投資有価証券**（1年を超える長期間の投資を目的として保有している他の会社の株式や社債），**関係会社株式**（子会社や関連会社の株式など），**長期貸付金**（返済期間が1年を超えて貸している貸付金），長期前払費用（1年を超える将来の期間の費用を当期に前払いしたもの）などがあります。


⑷　**繰延資産**

繰延資産とは，適正な期間損益計算のために必要となる資産です。

適正な期間損益計算とは，ある会計期間の損益（利益または損失）を正しく計算するということです。そのためには，当期の収益と費用とが対応（直接・間接に関連）していなければなりません。当期に全額を支払った費用が当期の収益に貢献するだけでなく，次期以降の収益にも貢献すると考えられる場合に，すでに支払った費用のうち次期以降の収益に貢献する分を繰延資産として貸借対照表に計上することが認められています。ただし，必ず計上しなければならないというわけではなく，繰延資産を計上するかどうかは会社の判断に委ねられています。

もう一歩進んだ理解のために（7）

## のれんと超過収益力

「のれん」とは，同業他社に比べて優っている価値のことです。

　他の会社を買収・吸収合併するとき，その会社が発行している株式を50%超入手しなければなりません。その場合，その会社の株主に対して，いくらで買い取るかを提案して，株主が OK といえば買い取ることができます。株主が持っている株式の価値は，貸借対照表の純資産にその簿価（帳簿上の価値）が示されています。純資産の金額で株式を買い取ると提案しても株主は納得しないでしょう。

　そこで，他の会社を買収・吸収合併するとき，その会社の企業価値を算定し，株式の買取額を考えるわけです。他の会社を買い取るということは，当社にとってメリットがある，つまり，買い取ったあと，その会社は他の会社の平均的な利益率よりも高い利益率で事業活動をする可能性が高い（つまり，超過収益力がある）と考えるわけです。その分，企業価値は純資産額よりも大きくなり，この差額（＝企業価値－純資産額）がプラスのとき，のれん（営業権）という無形固定資産を貸借対照表に表示します。

　「超過収益力」とは，他の会社よりも利益を得る力が強いということです。事業活動（＝営業）により利益を得るわけですが，他の会社の平均的な利益よりもより多くの利益を得る力があるということです。

　ただ，これは，そう簡単には「その力」を貨幣額で測定（算定）できません。このため，他の会社を買収等したときには，その会社の「超過収益力」として，他の会社の「買収額」から他の会社の「純資産額」を引いた差額を「のれん」として貸借対照表の無形固定資産に表示しますが，自社の「超過収益力」については客観的にその金額を評価できないので，「のれん」として無形固定資産に表示することはできません。

　また，前払費用や長期前払費用は，当期に支払った費用のうち次期以降の費用分ですから繰延資産と同じです。しかし，この費用は，契約によって次期以降にもサービスの提供を受けることが約束されている（たとえば，前払家賃の場合，事務所などのスペースの提供を受けるというサービス）のに対して，繰延資産は次期以降になんらかのサービスの提供を受けるわけではない点で異なります。

　これには，企業がすでに支出した費用のうち，その支出の効果が１年以上に

及ぶ，**創立費，開業費，開発費，株式交付費，社債等発行費**の5項目が含まれます。

### (5)　事業資産と金融資産

上記では，資産は流動資産・固定資産・繰延資産に分類されると説明しました。この分類は，流動性や適正な期間損益計算の観点での分類です。

これとは別に，資産を**事業資産**と**金融資産**に分類する考え方があります。

資産は，債権者や株主から調達した事業活動資金を決算日時点でどのように運用しているかを表しています。つまり，調達した資金を何に使っているか（投資しているか）を表すのが資産です。

このように考えると，資金を製造・販売・流通などの**本業**（主な事業活動，コア・ビジネス）のために投資した結果が事業資産であるのに対し，資金を金融・財務などの**付随する事業**のために投資した結果が金融資産です。前者の投資は**在庫投資**と**設備投資**，後者の投資は**金融投資**です。

事業資産と金融資産の区別は，資産のうちどちらの割合が大きいかをみることによって，経営者が在庫投資や設備投資を重視しているのか，それとも金融投資を重視しているのかを見分けることができます。

事業資産には，棚卸資産，有形固定資産，無形固定資産がおおよそあてはまります。これらのうち有形固定資産と無形固定資産は，設備投資の結果と考えられます。棚卸資産は，在庫投資の結果です。

金融資産には，当座資産，投資その他の資産がおおよそあてはまります。こ

**図表5-4**　事業資産と金融資産

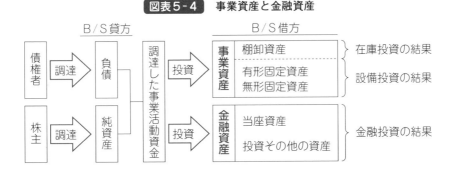

れらは金融投資の結果です。

以上を整理したのが**図表5-4**です。

### (6)　資産の配列方法

貸借対照表の借方に資産を記載するにあたって，さまざまな資産項目をどのような順序で並べるのかについて，つぎの2つの並べ方，配列方法があります。

●流動性配列法

●固定性配列法

**流動性配列法**は，流動性の高い順序に並べる方法です。ある資産がキャッシュに変わりやすければ流動性が高いといいます。現金が最も流動性が高いことはいうまでもありません。

これに対して，**固定性配列法**は，長期間にわたって使用される資産から順番に並べる方法です。この場合，現金は最後になります。

たとえば，電力会社や瓦斯<sup>ガス</sup>会社は固定性配列法を採用しています。電力会社等は，目に見えるモノを製造して販売しているわけではありません。目に見えない電気やガスを製造し，それを消費者に届けるための施設（固定資産）が重要だからです。

### (7)　資産と費用の違い

資産は，決算日時点で保有しているカネまたはその使用によって将来キャッシュとなるモノです。要するに，資産を事業活動で使用するので，将来キャッシュとなるわけです。

事業活動資金は，最初はすべてカネです。そのカネを使って事業活動を行い，利益を得るのが企業の事業活動です。

カネは，事業活動の努力として当期に支出されます。ここからが分かれ目ですが，つぎのような関係があります。

●当期の支出　┌→ 当期の成果に貢献 ⇒ 当期の**費用**（損益計算書に記載）
　　　　　　　└→ 次期以降の成果に貢献 ⇒ **資産**に計上(貸借対照表に記載)

●当期の資産　┌→ 当期に使用され当期の成果に貢献 ⇒ 当期の**費用**
　　　　　　　└→ 当期に使用されない ⇒ **資産**のまま

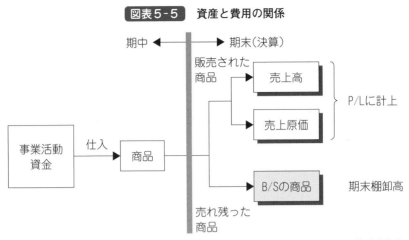

図表5-5　資産と費用の関係

期中 ← → 期末（決算）

販売された商品 → 売上高

　　　　　　 → 売上原価　　 } P/Lに計上

事業活動資金 → 仕入 → 商品

→ B/Sの商品　　期末棚卸高

売れ残った商品

※B/S：貸借対照表，P/L：損益計算書

つまり，資産は，将来において費用となるものということができます。
これらの関係を図示したものが**図表5-5**です。

# 5■負債項目

　負債は，過去の取引・事象の結果として企業が負担すべき経済的義務で，決算日時点以降の将来にキャッシュ・アウトフローとなるものということができます。
　負債は，**流動負債**と**固定負債**とに分類されます。資産の分類と同じように，分類のルールとして，
　　　●正常営業循環基準
　　　●1年基準
が適用されます。
　つまり，正常営業循環期間内または1年以内にキャッシュ・アウトフローとなる義務が流動負債で，これにあてはまらない義務が固定負債です。
　また，負債は，将来に負担すべき経済的義務ですから，これを，
　　　●法的債務

◯会計的負債

に分類することもできます。

**法的債務**とは，文字通り，法律上の債務です。法律上の債務は，①**確定債務**と②**条件付債務**があります。

①は，債務の内容（誰に対していつまでにいくら返済しなければならないか）が確定している債務です。借入金や支払手形，買掛金がその代表例です。

②は，ある条件が成立した場合に債務が確定するものをいいます。たとえば，**製品保証引当金**という負債があります。これは，販売した製品が故障した場合，無償で修理する将来の費用を当期の費用とするために負債として計上されています。将来に故障しなければ費用は不要ですから，「故障した場合」という条件が成立したときに負債となって確定します。

**会計的負債**とは，法的債務ではありませんが，適正な期間損益計算を行ううえで企業が経済的にみて負担すべき義務です。

たとえば，工場の機械について**修繕引当金**を負債として計上します。これは，現在使用している機械が将来故障する可能性があり，それに備えて，将来に発生すると予想される修繕費用を，あらかじめ当期の費用として計上しておくために設定されます。故障するかどうかは法律上確定しているわけではありませんし，故障したとしても誰かに対して支払うわけではありません。

当期に機械を使用しているために，将来において故障するかもしれないわけですから，一定の条件のもと，現在使っていることの代償を将来に負担させるのではなく，当期に負担するようにしているのです。

このようにすれば，当期の努力（機械を使用して製品を製造すること。将来の修繕見積額も努力の内です）と成果（製造された製品の販売によって利益を得ること）とが対応することにつながり，適正な期間損益を計算することができます。

なお，会計的負債は，流動負債となる場合も固定負債となる場合も，いずれの場合もあります。また，引当金は，条件付債務の場合もあれば，会計的負債の場合も，いずれの場合もあります。

## 6■純資産項目

　純資産とは，資産と負債との差額で，資産全体から負債を返済して残る「正味の資産」ということができます。従来，「資本」と呼ばれていましたが，現在は，「資本」に加えて，資本には分類できない項目が加わっているため，「純資産」と呼ばれています。

　純資産は，**株主資本**とその他の純資産に分類されます。

　「株主資本」は，

- 資本金
- 剰余金
- 自己株式

の3種類から構成されます。

　**資本金**は，株主が出資してくれた資金を表しています。

　**剰余金**は，

- 資本剰余金
- 利益剰余金

に分類されます。

　**資本剰余金**は，株主の出資額のうち資本金としなかった残りの**資本準備金**と**その他資本剰余金**です。

　その他資本剰余金は，資本準備金以外の資本取引（資本そのものを増減させるための取引）による剰余金で，資本金の取崩しにより生じる剰余金（**資本金減少差益**），資本準備金の取崩しにより生じる剰余金（**資本準備金減少差益**），自己株式を処分（消却）した場合の差額（**自己株式処分差益**）があります。

　**利益剰余金**は，企業が当期以前および当期に得た利益のうち，配当金などの支払いを行う場合に，支払額の一定割合を企業内部に蓄えてきた**利益準備金**と**その他利益剰余金**です。

　その他利益剰余金には，**任意積立金**（会社が株主総会または取締役会の決議に基づき，自主的に利益の一部を会社内部に留保したもの）と**繰越利益剰余金**（当期純利益と前期からの繰越利益の合計）があります。

　任意積立金は，その会社が将来に備えて貯めておく貯金の意味合いがあり，たとえば，製品開発積立金や海外市場開拓積立金，修繕積立金のように目的が明確なものと，目的は明確にしていないが将来に向けた別途積立金があります。

　自己株式とは，発行済み株式を企業自身が証券市場から買い取って保有している株式のことです。自社株を購入したため，自己株式と呼びます。

　自己株式は，株主資本としてはマイナスの項目です。企業は，ストック・オプションを役員や従業員に報酬の一部として与える場合に使うため，あるいは証券市場に出回る自社株の株数を減少させることによって株価を高めるため自社の株式を購入しています。

　さて，純資産のもう1つの大きなくくりである「その他の純資産」には，つ

もう一歩進んだ理解のために（8）

### 自己株式と資本金

　自社が買い取った自社発行の株式を「自己株式」といいます。自社が発行した株式を自社が買い取るということは，株式を発行しなかったのと同じになるため，その分だけ，「株主資本」の区分でマイナス項目として表示します。

　たとえば，株式10株を@1,000円で発行し，全額資本金とすれば10,000円です。この10株は引き続き証券市場で売買されます。最初に買った株主が証券市場で売却すれば，別の人が株主になるだけで，10株はそのままです（ということは資本金もそのままです）。

　ところが，株主が3株売却し，それを自社が買えば，資本金のうち，株主が7,000円，自社が3,000円持っていることになります。資本金も「事業活動資金の調達源泉」ですから，7,000円は株主から調達したといえますが，3,000円は自社から調達したことになりおかしな表示になってしまいます。そこで，3,000円分は株主資本において「自己株式　△3,000」と表示すると，資本金が正味には7,000円になっているとわかります。

　なお，会社が自社の株式を買い取る目的には，証券市場に出回っている株式の総数を減らすことにより株価を上昇させること，あるいは，自己株式を従業員や役員に対するモチベーション向上手段（ストック・オプション（株式購入選択権）の付与）として利用できることなどがあります。

ぎの2つの項目があります。

- ●評価・換算差額等
- ●新株予約権

**評価・換算差額等**のうち，評価差額とは，決算にあたり，特定の資産の金額を見直した結果，金額が増減した場合，その差額のことです。**その他有価証券評価差額金**が代表例です。

**新株予約権**とは，「将来に新株を購入する権利」を株主が購入した場合に，株主が支払った代価を計上したものです。株主がこの権利を使って実際に株式を購入すれば，この代価は資本金に変わります。

なお，個別貸借対照表と連結貸借対照表とでは，純資産の表記方法が**図表5−6**に示したように異なります。

### 図表5−6　純資産の表記（個別と連結の違い）

**個別 B/S**

```
負債合計
純資産の部
 株主資本
  資本金
  資本剰余金
   資本準備金
   その他資本剰余金
   資本剰余金合計
  利益剰余金
   その他利益剰余金
    繰越利益剰余金
   利益剰余金合計
  自己株式
  株主資本合計
 評価・換算差額等
  その他有価証券評価差額金
  評価・換算差額等合計
 新株予約権
 純資産合計
負債純資産合計
```

**連結 B/S**

```
負債合計
純資産の部
 株主資本
  資本金
  資本剰余金
  利益剰余金
  自己株式
  株主資本合計
 その他の包括利益累計額
  その他有価証券評価差額金
  繰延ヘッジ損益
  為替換算調整勘定
  その他の包括利益累計額合計
 新株予約権
 非支配株主持分
 純資産合計
負債純資産合計
```

※連結貸借対照表の「非支配株主持分」は日本の会計ルールでは2015年4月1日前に開始の会計年度では「少数株主持分」と表示されていた。

　以上，純資産について説明してきました。すでに説明していますが，純資産は，昔は「資本」と呼ばれていました。「資本」は現在の「株主資本」です。過去の文献を参照するとき，「資本」と出てくれば「株主資本」のことと読み替えればいいでしょう。

　また，資金の調達源泉が会社外部なのか，それとも会社の所有者なのかの違いで，前者を他人資本，後者を自己資本と呼びます。つまり，負債は「**他人資本**」，純資産は「**自己資本**」と整理できます。ただし，厳密には，次のような違いがあります。

＜個別貸借対照表の場合＞

| 株主資本 | 自己資本 | 純資産 |
|---|---|---|
| 評価・換算差額等 | | |
| 新株予約権 | | |

＜連結貸借対照表の場合＞

| 株主資本 | 自己資本 | 純資産 |
|---|---|---|
| その他の包括利益累計額 | | |
| 新株予約権 | | |
| 非支配株主持分 | | |

　したがって，純資産，自己資本，株主資本の3種類の語句の内容の違いに注意してください。

## 7■貸借対照表（勘定式）

　以上で説明してきました貸借対照表の内容を勘定式で示したものが**図表5-7**です。みなさんは，ぜひこの内容をイメージとして頭のなかに置いてください。

**図表5-7**　貸借対照表（勘定式）のイメージ

貸借対照表

（会社名）　　　　　　　20X1年12月31日現在　（金額単位：百万円または千円）

| 資産の部 | | 負債・純資産の部 | |
|---|---|---|---|
| 項　目 | 金額 | 項　目 | 金額 |
| 流動資産 | | 負債 | |
| 　当座資産 | | 　流動負債 | |
| 　棚卸資産 | | 　固定負債 | |
| 　その他流動資産 | | | |
| | | 純資産 | |
| 固定資産 | | 　株主資本 | |
| 　有形固定資産 | | 　　資本金 | |
| 　無形固定資産 | | 　　資本剰余金 | |
| 　投資その他の資産 | | 　　利益剰余金 | |
| | | 　　自己株式 | |
| | | 　評価・換算差額等 | |
| 繰延資産 | | 　新株予約権 | |
| 資産合計 | | 負債・純資産合計 | |

# 8■貸借対照表からわかること

貸借対照表からわかることをまとめると，つぎの諸点になります。

決算日の時点からみれば，

- 企業の一時点の財政状態
- 事業活動資金をどこから調達しているか（資金の調達源泉）
    - ⇒　その資金には返済の義務があるのか
- 調達した資金をどのように利用しているのか（資金の運用形態）
    - ⇒　その利用の仕方（商品・製品等の在庫，設備投資，金融投資など）は経営者の経営能力の表れ

次期以降にどうなるかでみれば，

- 資産（将来のキャッシュ・インフローはどれほどか）と負債（将来のキャッシュ・アウトフローはどれほどか）を比較して，安全かどうか

（倒産しないかどうか）⇒ 特に，流動資産と流動負債の比較が重要
絶対に失ってはならない金額でみれば，
　●純資産（負債を返済して残る正味の資産）のうち，資本金は，必ず維持
　　しなければならない金額

## 9■百分率貸借対照表の作成

　貸借対照表のどの資産項目または負債項目が企業にとって重要となっている
かを認識するために，百分率貸借対照表を作成します。
　百分率貸借対照表は，資産の合計または負債と純資産の合計（いずれでも
OK）を100％としたとき，各項目が何％になるか，割合の大きさで貸借対照表
を表したものです。
　その作成方法は，つぎの手順です。みなさんもぜひ作成してみてください。
　①　資産合計を100％とする。
　②　主要な貸借対照表項目（流動資産（当座資産・棚卸資産・その他流動資
　　産），固定資産（有形・無形・投資等），繰延資産，流動負債，固定負債，
　　純資産（株主資本・評価換算差額等・新株予約権））を資産合計で割って，
　　その割合を計算（小数点以下第2位までのパーセンテージを求める）する。
　③　図表5-8の1マスを，たとえば4％として，各項目の割合に応じた大
　　きさを記入する（図表では4％×25マス＝100％の場合を示している）。
　④　借方の合計％と貸方の合計％を記入する。
　⑤　各企業の財政状態の特徴を把握する。

　百分率貸借対照表からわかることは，企業の財政状態の特徴です。つぎの5
つの特徴を把握することができます。
　**特徴1　資金の調達源泉の特徴**：事業活動資金の調達割合は，債権者から
　　　　　（負債）が○％，株主から（純資産）が○％をそれぞれ占めている。
　　　　　返済する義務のある資金が○％多い（少ない）。
　**特徴2　調達資金の運用形態の全般的な特徴**：調達した資金は，流動資産に
　　　　　○％，固定資産に○％，繰延資産に○％，それぞれ運用されている。

**図表5-8**　百分率貸借対照表の用紙

（会社名）＿＿＿＿＿＿＿＿＿　　　　百分率貸借対照表

| 資　産 | | 負債・純資産 | |
|---|---|---|---|
| 項　目 | 構成比（％） | 項　目 | 構成比（％） |
| | | | |
| 合　計 | ％ | 合　計 | ％ |

※できあがりの見本は81頁の**図表5-2**を参照。

**特徴3　資金の運用の特徴**：当座資産での運用が○％，投資その他の資産が
　　　　○％で，両者を合わせた金融投資が○％を占めている。これに対して，
　　　　有形固定資産○％と無形固定資産○％を合わせた設備投資は○％であ
　　　　る。金融投資と設備投資とでは○○投資の方が重視されている。

**特徴4　流動資産と流動負債との比較**：決算日後遅くとも1年以内にキャッ
　　　　シュとなる流動資産○％に対して，遅くとも1年以内に返済しなけれ
　　　　ばならない流動負債は○％である。両者の差をみれば，<u>流動資産が流</u>
　　　　<u>動負債を上回っており，調達した資金の○％の余裕があり，安全であ</u>
　　　　<u>る</u>（下線部の代替：流動負債が流動資産を○％上回っており，安全とはい
　　　　えない）。

**特徴5　固定資産と純資産との比較**：決算日後1年を超えて使用する固定資

産○%に対して，返済の義務がない純資産は○%であり，<u>固定資産の方が○%多い。これは，固定資産が純資産だけでなく固定負債として調達した資金でも賄われていることを意味しており，安全性の観点で問題がある</u>（下線部の代替：純資産の方が○%多い。固定資産はすべて純資産として調達した資金で取得されているため，安全性の観点では問題はない）。

# 第6章 損益計算書

企業の経営にとって売上高（または営業収益。以下，売上高とします）を伸ばすことが最も大切です。売上高の伸びと利益の伸びとは必ずしも比例関係にありません。売上高が増加しても利益が減少する場合もあります。

投資者がある企業に投資するかどうかの意思決定を行うためには，売上高などの収益や売上原価などの費用のデータが必要ですが，これらは損益計算書が提供してくれます。

## 1 ■損益計算書の意義

企業会計原則は，損益計算書の意義をつぎのように定めています。

> 「損益計算書は，企業の経営成績を明らかにするため，一会計期間に属するすべての収益とこれに対応するすべての費用とを記載して経常利益を表示し，これに特別損益に属する項目を加減して当期純利益を表示しなければならない。」（損益計算書原則一）

この規定に従えば，損益計算書は，企業の一会計期間における**経営成績**を表示することを目的として作成される報告書です。

経営成績とは，一会計期間に，事業活動による**経営努力**と事業活動の**経営成果**を対応させ，成果が努力を上回る分，つまり，どれだけ**利益**を得たかの状況のことです。

つまり，経営成績は，企業の経営活動によって一会計期間に，

　●どのような種類の**収益**をどのくらい稼得し（経営成果），

　●この収益を稼得するためどれくらいの**費用**を費やしたか（経営努力）

を対応させて，その差額である**純利益**の額をもって明らかにされます。

経営努力は，費用として貨幣的に算定され，経営成果は，収益として貨幣的

に算定されます。

　したがって，経営成績は，収益と費用との差額である，利益によって表示されます。

　このように企業の成果と努力とを対応させて**期間損益**（一会計期間の利益または損失）を計算することを期間損益計算といいます。また，この計算は，一般に公正妥当な企業会計の基準に従って適正に行われますから，**適正な期間損益計算**と呼ばれています。

　利益は，企業の製品・商品・サービスが経済社会に受け入れられ，人々の生活の向上に役立った指標ということもできます。つまり，利益は，企業が果たすべき社会貢献の指標といえます。

　利益の計算において，つぎの2つの重要なルールがあります。

　　　⚫対応表示の原則
　　　⚫総額主義の原則

　経営努力と経営成果を対比させることが大切なので，会計ルールでは，**対応表示の原則**と呼ばれるルールが適用されます。

　つまり，損益計算書では，収益項目と費用項目を発生源泉により分類し，関連する収益項目と費用項目とを対応させて表示することが求められています（対応表示の原則）。たとえば，売上高と売上原価，売上高と販売費および一般管理費がその例です。

　また，経営成績は経営努力と経営成果を対比させなければわかりませんから，費用項目と収益項目の相殺（差し引き計算すること）を禁止し，企業の取引規模を明示することが求められています。この原則を**総額主義の原則**と呼びます。

　たとえば，受取手数料と支払手数料，受取利息と支払利息等を相殺して純額（正味の金額）だけを表示したり，売上高から売上原価を差し引き，売上総利益だけを表示することは禁止されています。

　さて，企業の経営成績を明らかにするために，損益計算書には次の2つの利益を表示しなければなりません。

　　　⚫一会計期間に属するすべての収益と，これに対応するすべての費用とを
　　　　記載して算定表示される**経常利益**

　●経常利益に特別損益・税金項目を加減して算定表示される**当期純利益**

　経常利益は，一会計期間における企業の正常な経営活動から生ずる経常的・循環的な損益項目のみによって計算される**業績利益**の性格をもつ利益です。つまり，これは企業の**正常な収益力**を表示するものです。

　なお，経常とは，「通常の」「毎年行われる」という意味です。

　これに対して，当期純利益は，経常利益に前期損益修正項目または臨時損益項目のような非経常的・非反復的損益項目である**特別損益項目**を加減して計算される，**処分可能利益**の性格をもつ利益です。

　特別損益項目は，異常なもの（通常の事業活動では生じないという意味）であるため，経営者の経営管理能力を超えています。この意味で，経常利益には特別損益が含まれていないので，**経営者の経営管理能力**を示しているといえます。

## 2■損益計算書の内容

　損益計算書は，収益および費用をその発生源泉別に区分して表示します。

　さまざまな収益と費用を損益計算書という器に混ぜこぜに入れるのではなく，種類ごとに分けてきれいに並べ，さまざまな種類の利益を段階的に表示するためです。

　企業会計原則は，損益計算書を，

　　●営業損益計算
　　●経常損益計算
　　●純損益計算

の3つに区分して表示することを定めています（**区分表示の原則**）。

　**営業損益計算**の区分は，営業活動から生ずる費用および収益を記載して，営業利益を計算する区分です。この区分では，**売上総利益**と**営業利益**（または**営業損失**）が計算・表示されます。

　**経常損益計算**の区分は，営業損益計算の結果を受けて，営業活動以外から生じる営業外収益および営業外費用を記載する区分です。この区分では，**経常利益**（または**経常損失**）が計算・表示されます。

　**純損益計算**の区分は，経常利益に企業の非経常的・非反復的な経営活動から

生ずる特別利益および特別損失を加減する区分です。この区分では，**税引前当期純利益**が計算・表示されます。また，税引前当期純利益から当期の負担に属する法人税額，住民税額および事業税額を控除し，さらに，税効果会計の適用により計上される「法人税等調整額」を加減して，（税引後）**当期純利益**が計算・表示されます。

　以上の結果，損益計算書は**図表6−1**のように表示されます。

　このような損益計算書の区分表示は，各区分ごとに収益と費用とを対応表示し，それらの差額である利益が段階的に計算・表示されるところに特徴があります。

　企業の経営活動には，つぎの2つの活動があります。
　　●「主たる事業活動（本業）」と
　　●それを支える「金融・財務活動」
　**主たる事業活動（本業）**とは，企業がその目的として行う活動で，製造活動，

**図表6-1** 損益計算書の計算区分

| 営業損益計算の区分*<br>本業（主な事業活動）による利益・損失 | 　　売上高<br>（−）　売上原価<br>　　　売上総利益<br>（−）　販売費および一般管理費<br>　　　営業利益（または営業損失） | 　　営業収益<br>（−）　営業費用<br>　　営業利益<br>（または営業損失） |
|---|---|---|
| 経常損益計算の区分<br>営業損益に付随する財務・金融投資活動による利益・損失を加味 | （＋）　営業外収益<br>（−）　営業外費用<br>　　　経常利益（または経常損失） | |
| 純損益計算の区分<br>経常損益に臨時的な出来事による利益・損失と税金を加味 ⇒ すべての事業活動・出来事により利益・損失 | （＋）　特別利益<br>（−）　特別損失<br>　　　税引前当期純利益（または税引前当期純損失）<br>（−）　法人税・住民税・事業税<br>（±）　法人税等調整額<br>　　　当期純利益（または当期純損失） | |

　※サービスの提供だけを行っている企業の場合，売上高はなく，営業収益となる。また，売上原価もなく，販売費および一般管理費を含めた営業費用が表示される。

販売活動，流通活動を指します。たとえば，自動車会社であれば自動車の製造・販売がその主たる事業活動です。

　金融・財務活動は，主たる事業活動に必要な資金を手当てしたり，余剰資金を運用して主たる事業活動に役立てようとして行う活動です。たとえば，銀行からの資金の借入れ，他の企業の株式への投資などです。

　損益計算書では，営業損益計算の区分において，主たる事業活動による利益が表示されます。

　一会計期間の製品や商品の販売額の合計額を示す売上高から，販売に要した製品や商品の原価の合計額を示す売上原価を差し引けば，売上総利益という名称の利益が算定されます。これは，販売された製品や商品に含まれている利益額を表しています。

　また，売上総利益から，販売のためのさまざまな費用や経営管理のための費用の合計額を示す販売費および一般管理を差し引けば，営業利益（または営業損失）が計算されます。これは，企業の主たる事業活動から得られた利益額（または損失額）を示しています。

　このように，営業損益計算の区分では，売上総利益と営業利益の2種類の利益が表示されます。

　たとえば，今年度の売上高が昨年度に比べて30％増加し，営業利益が50％増加したとすると，それは，製品や商品の売上原価が昨年度に比べて相対的に低かったためなのか，それとも販売費および一般管理費が昨年度に比べて節約されたためなのか，2種類の利益が表示されていれば，いずれかを知ることができます。

　**図表6-2**をみれば，一目瞭然です。

　20X2年のケース①では，販売費および一般管理費（**図表6-2**では「販管費」と略記）が20X1年と同額（2.5億円）におさえられているため，営業利益が売上高の増加率（30％）以上に増加しています。

　20X2年のケース②では，売上原価の増加率（15％）が売上高の増加率（30％）よりおさえられたため，販管費が30％増加しても営業利益が60％の増加になっています。

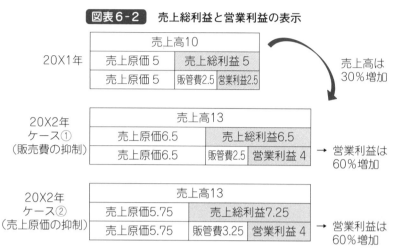

**図表6-2** 売上総利益と営業利益の表示

※数字は億円

　ケース①は販売費の抑制，ケース②は売上原価の抑制，いずれもコスト削減が売上高の増加以上の営業利益の増加の達成に寄与したことになります。

　経常損益計算の区分では，上記の営業損益計算の結果を受けて，主たる事業活動を支える金融・財務活動による損益，すなわち，営業外収益と営業外費用がそれぞれ加減されます。

　企業は，その主たる事業活動で十分な利益を上げることが望ましく，金融・財務活動による利益は付随的なものです。

　営業利益と経常利益（＝営業利益＋営業外収益−営業外費用）とが別々に示されることにより，企業が主たる事業活動で十分な利益を上げているかどうかを判断することができます。

　さらに，純損益計算の区分において，経常利益に特別利益と特別損失を加減することによって税引前当期純利益が計算・表示され，続いて，企業が支払うべき税金関係の項目が加減されて，当期純利益が計算・表示されます。

　当期純利益は，企業の一会計期間の最終利益です。損益計算書のボトムライン（最終行）が大事という場合，当期純利益を指しています。

　以上のことを総合すれば，

●経営者の成績 ⇒ 経常損益からわかる

●企業全体の成績 ⇒ 当期純利益からわかる

ということができます。

## 3■損益計算書の表示形式

損益計算書の表示形式には，**報告式**と**勘定式**の2種類があります。

報告式は，**図表6-1**のように，上から順番に，関係する収益と費用を記載し，その差額の利益（または損失）をそれぞれ記載していく方式です。

これに対して，勘定式は，総勘定元帳の損益勘定をそのまま損益計算書の表形式にしたものです。**図表6-3**を参照してください。

**図表6-3**　損益計算書（勘定式）のイメージ

損益計算書
（自 20X△年○月○日　至 20X△年○月○日）

（会社名）　　　　　　　　　　　　　　　　　　　　　　　　　（単位:百万円or千円）

| 費　　用 | 金額 | 損益の該当部分（売上総利益／営業損益／経常損益／税引前当期純損益） | | | | 収　　益 | 金額 |
|---|---|---|---|---|---|---|---|
| 売上原価 | ○○○ | | | | | 売上高 | ○○○ |
| 販売費及び一般管理費 | ○○○ | | | | | | |
| 営業外費用 | ○○○ | | | | | | |
| 特別損失 | ○○○ | | | | | 営業外収益 | ○○○ |
| 法人税等 | ○○○ | | | | | | |
| 当期純利益 | ○○○ | | | | | 特別利益 | ○○○ |

※「損益の該当部分」は説明のために追加しているので、実際の損益計算書には表示されない。

# 4■収益項目

　上記の損益計算書では，収益にあたる項目は，売上高，営業外収益および特別利益です。

　売上高は，商品や製品を販売している場合に用いられます。サービスを提供している場合には，売上高ではなく，営業収益が用いられます。したがって，商品や製品の販売がなく，サービスだけを提供している場合，売上高の項目はなく，営業収益だけです。

　売上高や営業収益をあわせて売上収益と呼びます。

　売上収益を計上するにあたって注意しなければならないことがあります。それは，次の2つのポイントです。

　　●売上代金の受取り時点との関係
　　●特殊な取引の場合

## (1)　売上代金の受取り時点との関係

　自動車を製造して販売している企業を考えましょう。

　自動車は多数の部品を工場で組み立てて製造されます。製造後，倉庫に保管されたのち，販売店に運搬され顧客に引き渡されます。この一連の流れを図示したのが図表6-4です。

　①から⑨のうちもっとも確実な売上の計上は，⑨の売上代金を入金したときに計上することです。自動車という商品を販売し，その販売代金を回収したときに売上を計上する考え方を現金主義と呼びます。

　現代の経済社会は，資本主義社会です。資本主義社会では信用経済といって，現金の授受をもって商品，製品，サービスを引き渡すのではなく，相手方を信用し，現金の授受に先立って物やサービスの受け渡しを行います。この方が合理的だからです。

　信用経済では，自動車を販売した事実をもって売上を計上することになっています。この考え方を実現主義と呼びます。

　図表6-4でいうと，⑦または⑧の時点で自動車の販売額を売上高として計

上することになります（⑦登録基準・⑧引渡基準）。ただし，⑤や⑥の時点までに顧客と販売契約を締結していれば，⑤または⑥の時点で売上を計上することも認められています。

　⑤から⑧の時点は，いずれも顧客が自動車の購入代金を支払う義務が生じているからです。つまり，販売代金を確実に支払ってもらえる状況になっているといえるからです。

　販売代金の回収を待つことなく，顧客を信用して取引を行っているわけです。

　これをさらに早めて，自動車の製造途中で売上を計上する考え方もあります。これを**発生主義**と呼びます。

　**図表6-4**の①から④までの時点で自動車の販売額を売上として計上するのは早すぎることが容易に理解できるでしょう。完成していない自動車に対して顧客が代金を支払うことはなく，代金の支払いの確実性がまだないからです。

　したがって，発生主義での売上収益の計上は，例外（たとえば，長期請負工事の場合）を除き，容認されていません。

　さて，ここで問題は，実現主義によって売上収益を計上するとしても⑤〜⑧の可能性があるわけです。

　なぜ問題かというと，たとえば，もし⑥と⑦の間に決算日が来たらどうなるかということです。

　同じ自動車の販売取引なのに，⑥の時点で計上している企業は今年の売上高

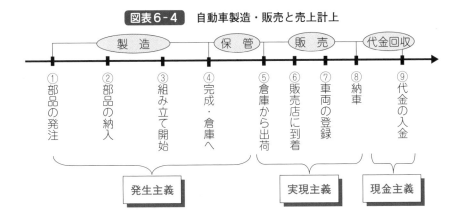

**図表6-4**　自動車製造・販売と売上計上

となり，⑦の時点で計上している企業は来年の売上高となってしまうからです。

実現主義で売上収益を計上することが認められていますから，企業には⑤〜⑧のどの時点で計上してもかまいません。しかし，どの時点で売上収益を計上するかを決定したら，毎年同じ時点で計上しなければいけません。

会計年度によって，今年は⑤の時点，来年は⑦の時点などと安易に変更することは許されません。期間比較ができなくなるからです。

このように実現主義による売上収益の計上を行う場合，いつの時点で収益が実現したとするかが重要です。

### (2) 特殊な取引の場合

通常の販売形態と異なり，**特殊な販売形態の場合には特別な売上収益の計上時期があります**。特殊な販売形態とその売上収益の計上時期をまとめると**図表6-5**のようになります。

なお，割賦販売については，「収益認識に関する会計基準」により，上場会社は2021年（上場会社以外は法人税法改正により2023年）4月以降から販売基準以外の処理が認められません。

**図表6-5** 特殊な販売形態と売上収益の計上時期

| 販売形態 | 認められる処理 | 具体的内容 |
|---|---|---|
| 割賦販売<br>（かっぷ はんばい） | 販売基準 | 商品を引き渡した日をもって売上収益を計上する。 |
| | 回収期限到来基準 | 割賦金の回収期限の到来する日をもって売上収益を計上する。 |
| | 回収基準（現金主義） | 入金の日をもって売上収益を計上する。 |
| 試用販売 | 商品等を引き渡した時点でなく，得意先が買取りの意思表示をした販売成立の時点で売上収益を計上する。 | |
| 予約販売 | 予約金受取額のうち，決算日までに商品の引渡しまたは役務の給付が完了した分だけを当期の売上高に計上する。残額は貸借対照表の負債の部に計上し，次期以後に繰り延べる。 | |
| 委託販売 | 委託者が商品を発送したときでなく，受託者が委託品を販売した日をもって売上収益を計上する。 | |

　また，長期請負工事のように，工事が1年間で終了せず，複数年の会計年度にまたがる場合にも，実現主義とは異なる工事収益（売上収益）の計上基準が定められています。

　たとえば，**図表6-6**では，ある建設会社がマンションの建築請負契約を受注した場合を示しています。

　第1期の期首に着工し，第3期の6カ月目に竣工（完成）したとします。つまり，着工から完成まで2年半，会計年度では3期間にわたって建築工事を請け負ったことになります。

　**工事完成基準**（実現主義）の場合，マンションが完成し，施主（依頼主）に引き渡して初めて工事収益を計上することになります。この場合，第1期も第2期も工事収益はまったく計上されず，工事費用だけが計上されることになります。

　しかし，これでは企業の努力と成果が対応しないことになり不都合です。建築工事の場合，建築請負工事金額が契約で定められていて，建設会社は契約に定められた期間内にマンションを完成させる義務があります。

　これを守って建築工事を行えば，建築請負工事金額通りに工事収益を受け取ることになります。逆に施主は，この金額を払う義務があります。

**図表6-6** 　長期請負工事の場合の工事収益の計上

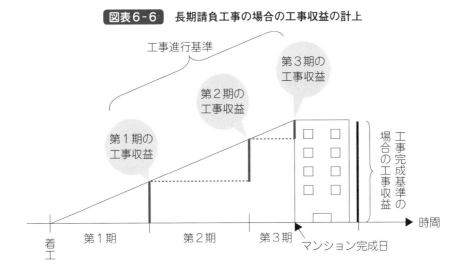

　したがって，各会計年度において，マンション建築の進捗(しんちょく)の度合いに応じて工事収益を計上するのが合理的です。

　このように工事収益を計上する考え方が**工事進行基準**です。これは発生主義の考え方です。

　各期間の工事の進捗度合いはその期間に要した工事費用で算定します。

　たとえば，建築請負工事金額が12億円，第1期の工事費用が3億円，第2期が4億円，第3期が1億円であるとすると，第1期の工事収益は，$12 \times \{3 \div (3+4+1)\} = 4.5$億円，第2期の工事収益は，$12 \times \{4 \div (3+4+1)\} = 6$億円，第3期の工事収益は，$12 - 4.5 - 6 = 1.5$億円となります。

　つまり，**図表6-7**のように工事収益と工事費用が計上されます。

### 図表6-7 工事完成基準と工事進行基準の計算例

(単位：億円)

| 会計年度 | 工事完成基準 | | | 工事進行基準 | | |
|---|---|---|---|---|---|---|
| 第1期 | 工事費用 3 | 工事収益 0 | 工事利益 −3 | 工事費用 3 | 工事収益 4.5 | 工事利益 1.5 |
| 第2期 | 工事費用 4 | 工事収益 0 | 工事利益 −4 | 工事費用 4 | 工事収益 6 | 工事利益 2 |
| 第3期 | 工事費用 1 | 工事収益 12 | 工事利益 11 | 工事費用 1 | 工事収益 1.5 | 工事利益 0.5 |
| 合 計 | 工事費用 8 | 工事収益 12 | 工事利益 4 | 工事費用 8 | 工事収益 12 | 工事利益 4 |

　以上，売上収益の計上について説明してきました。

　収益項目には，売上収益以外に，**営業外収益**と**特別利益**があります。

　営業外収益は，企業の主たる事業活動（本業）以外の金融・財務活動からの収益です。

　これには，**受取利息**（所有している他社の社債から得られる利息，他社への貸付金から得られる利息など），**受取配当金**（所有している他社の株式から得られる配当金），**売買目的有価証券売却益**などがあります。

　売上収益や営業外収益が通常の事業活動から毎年獲得されるのに対して，特別利益は，毎年得られるわけではありません。ある年度だけに得られる臨時的な利益または前期の損益を修正したために得られる利益です。

　特別利益には，臨時的な活動や偶発的な事象から生じた場合の臨時利益の固定資産売却益などがあります。

　収益や費用という名称は，通常の事業活動から生じる場合に用いられますが，臨時的な活動・偶発的な事象による場合には用いられません。したがって，特別収益や特別費用ではなく，特別利益や特別損失という名称になっています。

　そこで，たとえば，有形固定資産売却益は，「有形固定資産売却収益」-「有形固定資産売却費用（＝取得原価－減価償却累計額）」で計算され，差額の利益だけが計上されます。ただし，この差額がマイナスの場合は，有形固定資産売却損となり，費用項目の特別損失に計上されます。

　このように収益項目といいながらも特別利益が計上されます。

　企業にとって一番重要なのは売上高や営業収益です。つまり，売上収益が十分に計上されないと企業経営は苦しいことになります。

　損益計算書では，売上収益，営業外収益，特別利益の３種類の収益が計上されていますから，これらの収益全体に対する割合の変化をみることで，企業の業績（経営成果）の良し悪しを判断することができるわけです。

　以上をまとめますと，つぎのようになります。

- ●売上高（営業収益）⇒ 主たる事業活動（本業）の成果
- ●営業外収益　　　⇒ 従たる金融・財務活動の成果
- ●特別利益　　　　⇒ 臨時的活動・偶発的事象の結果
- ●どの収益が多いかで，その企業の収益の状況が把握できる

## 5■費用項目

　損益計算書で費用にあたる項目は，売上原価，販売費および一般管理費，営業外費用，特別損失，および法人税等です。

### (1)　売上原価
　売上原価とは，販売した商品の元の値段のことです。商品は他の企業から仕入れて調達します。

　これに対して製品は自社企業で原料や部品から製造して調達します。販売した製品の元の値段は，売上原価と呼ばず，**製造原価**と呼びます。損益計算書では，売上原価の代わりに製造原価という費用が計上されます。

　また，商品や製品のようにモノを販売するのではなく，サービスを提供している企業にとって，売上原価や製造原価はありませんので，提供したサービスの元の値段を**営業費用**と呼びます。提供したサービスに対して顧客から得た収入は営業収益です。


　**図表6-8**をみてください。そこでは，商品というモノの流れが示されています。

　**図表6-8**では，企業が得た事業活動資金が，商品の仕入に使われ，その後の販売によって，商品の一部または全部が売上高という収益になり，売上代金はいずれ現金として企業に回収されます。

　つまり，事業活動資金の「現金→商品→売上高→現金」というようにカネが一巡してもどってきます。最初の現金と最後の現金はもちろん金額が異なります。

　最後の現金には利益分が含まれています。つまり，売上高は「売上原価＋利益」の金額だからです。

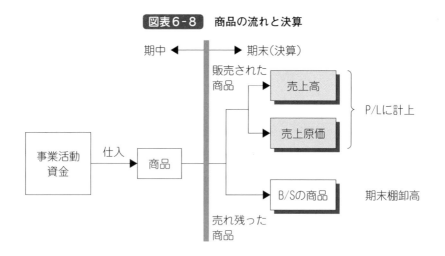

**図表6-8**　商品の流れと決算

　販売のために仕入れた商品は，会計期間中に販売された商品と，販売されず
に企業に売れ残った商品とがあります。

　販売された商品の元の値段が売上原価，その販売価格が売上高にそれぞれ計
上されます。

　売れ残った商品は，その元の値段のまま次期の会計期間に引き継がれていき
ます。これが後述する貸借対照表に表示される「商品」という項目です。

　このように仕入れた商品を販売された商品と売れ残った商品とに区別して期
末に会計処理をする手続を決算といいます。


　さて，売上原価は，販売された商品の元の値段だと説明してきました。

　ところが，商品は，会計期間中，何回も仕入が行われますし，販売予想に反
してたくさん売れると，追加で至急，仕入を行うこともあるでしょう。

　仕入を行うたびに同じ価格で仕入れることができれば問題はないのですが，
実際は，仕入のたびに商品の価格が変わります。

　また，仕入れた商品は一旦，企業の倉庫に保管されたり，店頭にしばらくの
間陳列されるのが普通です。テレビ番組で紹介された結果，店頭に並べられた
のち1時間もたたないで売り切れとなるような商品は特別です。

　売上原価は，販売された商品の元の値段です。販売された商品がいつ仕入れ
られ，その仕入価格がいくらであったかによって，売上原価は異なってしまい
ます。

　ここで大切なのは，販売された商品の仕入価格と個数です。


　単純な計算例で検討してみましょう。

　**図表6-9**では，会計期間の期首（期間の初め）を10月1日，期末（期間の
終わり）を10月31日として，期首において前期から繰り越した商品はなく，こ
の期間に仕入を3回，販売が1回だけ行われたとしています。

　この場合に，売上原価はどのように変わるでしょうか。

　**図表6-9**の例では，売上高は，200円×6個＝1,200円です。

　売上原価は，販売された6個の商品の元の値段です。商品はすべて同じ種
類・重さ・色のものなので区別がつきません。説明のために**図表6-9**では便

### 図表6-9　売上原価の計算

10月1日　　商品の在庫なし（前期からの繰越分はなし）

10月8日　　3個仕入　| 100 | | 100 | | 100 |　（単位：円）

18日　　5個仕入　| 110 | | 110 | | 110 | | 110 | | 110 |

28日　　4個仕入　| 120 | | 120 | | 120 | | 120 |

30日　　6個販売　| a 200 | | b 200 | | c 200 | | d 200 | | e 200 | | f 200 |

10月31日　　決算（売上高と売上原価、次期への繰越商品を確定）

宜的に販売された商品にa～fの記号を付けています。

10月30日に販売したa～fの商品はいつ仕入れたものかによって売上原価が異なります。

時間的に先に仕入たれ商品から先に販売されたとすると，商品a～cの3個は10月8日に仕入れた商品，d～fの3個は10月18日に仕入れた5個のうちの3個になります。

そうすると売上原価は，100円×3個＋110円×3個＝630円になります。売上高は1,200円ですから，売上高－売上原価＝売上総利益は570円です。

また，商品の仕入総額は1,330円ですから，売れ残った商品の金額（期末棚卸高と呼びます）は，1,330円－630円＝700円で，これが貸借対照表の「商品」

### 図表6-10　損益計算書での売上高・売上原価・売上総利益の表示

| | | |
|---|---|---|
| 売上高（収益） | | 1,200 |
| 売上原価（費用） | | |
| 　1．期首棚卸高 | 0 | |
| 　2．当期商品仕入高 | 1,330 | |
| 　　　小計 | 1,330 | |
| 　3．期末棚卸高 | 700 | 630 |
| 　　　売上総利益 | | 570 |

に計上され，次期へ繰り越されます。

　以上を損益計算書に表示するとすれば，**図表6-10**のようになります。

　これに対して，3回の仕入総額を仕入個数で割った金額で商品の元の値段を考えるとすると，仕入総額は100円×3個＋110円×5個＋120円×4個＝1,330円，仕入個数は12個なので，商品1個当たりの仕入価格は110.83円になります。

　そうすると売上原価は，販売した商品6個の元の値段ですから110.83円×6個＝665円です。この場合，売上総利益は535円となります。

　また，商品の仕入総額は1,330円ですから，売れ残った商品の金額は，1,330円－665円＝665円で，これが貸借対照表の「商品」に計上され，次期へ繰り越されます。


　先に仕入れたものから先に販売されたとして商品の売上原価の単価を考える方法を**先入先出法**と呼びます。仕入総額を仕入総数で割って単価を計算する方法を**総平均法**（平均原価法の1つ）と呼びます。

　このように売上原価は，決算時点での販売商品の元の値段，つまり，販売によって払い出される商品の単価（払出し単価）を計算する方法によって異なります。これらの金額は異なっていますが，いずれも正しい金額であることが会計ルールで定められています。

　ただし，**後入先出法**（最も新しく取得されたものから払出しが行われ，期末棚卸品は最も古く取得されたものからなるものとみなして，期末棚卸品の価額を算定する方法）は，2009年度まで会計ルール上認められてきましたが，2010年4月以降に開始する会計年度から上場会社がこれを採用することはできなくなりました。

　ちなみに上記の計算例でいうと，後入先出法の場合，売上原価は700円，売上総利益は500円となります。この方法の場合，商品の仕入価格が上昇している場合，利益は小さく計算されます。

　なお，会計ルールは，売上原価の数量の計算方法として2種類の方法を定めています。通常は，両方法が併用されます。

　　●**継続記録法**：商品の受入れと払出しの都度，その数量を帳簿に記録し，当期に販売した数量を計算する方法

●棚卸計算法：期首棚卸数量に当期仕入数量を加え，その合計数量から実
地棚卸による期末棚卸数量を控除して当期に販売した数量
を計算する方法

また，販売した商品の払出し単価の計算法として，つぎの方法が認められています。

●個別法
●先入先出法
●後入先出法（2010年4月以降開始年度から適用不可）
●平均原価法（総平均法または移動平均法）
●売価還元原価法
●最終仕入原価法

## (2) 販売費および一般管理費

販売費および一般管理費は，企業が主たる事業活動を行うのにともなって必要な費用です。これには，つぎのような費用が計上されます。

●販売活動および一般管理業務に関して発生した費用……販売手数料，荷造費，運搬費，広告宣伝費，見本費，保管費，納入試験費など
●販売活動および一般管理業務に従事している人に発生した費用……給料，賃金，手当，賞与，福利厚生費など
●販売部門および一般管理部門に発生する費用……旅費，交通費，通信費，水道光熱費，消耗品費，租税公課，減価償却費，修繕費，保険料，不動産賃借料，交際費など

上記のうち，減価償却費とはどのような費用でしょうか。

会社が所有し使用している有形固定資産のうち，土地を除く機械や建物，工場は，使えば使うほど価値が減少します。新車と1年使用した車とで価値が違うのと同じです。

この価値の減少分は，たとえば機械を使うことによって製品ができ，その販売によって売上高という収益につながりますから，機械を使うことによる価値減少は，経営努力，つまり費用にあたります。この費用を表すのが減価償却費です。

もう一歩進んだ理解のために（9）
· · · · · · · · · · · · · · · · · · · · · · · · · · · · · · · · · · · · · · · · ·

## 販管費の詳細が損益計算書に示されていない場合

　この場合には，販管費に付記されている「注番号」から，財務諸表の注記をみて，販管費の詳細を知ることができます。

　たとえば，つぎの実際例をみてみましょう。

②　【損益計算書】

（単位：百万円）

| | 前事業年度<br>（自 平成 X1年 4 月 1 日<br>至 平成 X2年 3 月31日） | | 当事業年度<br>（自 平成 X2年 4 月 1 日<br>至 平成 X3年 3 月31日） | |
| --- | ---: | :---: | ---: | :---: |
| 売上高 | ※1 | 141,684 | ※1 | 155,037 |
| 売上原価 | ※1 | 80,944 | ※1 | 87,226 |
| 売上純利益 | | 60,740 | | 67,810 |
| 販売費及び一般管理費 | ※1．※2 | 48,419 | ※1．※2 | 51,341 |
| 営業利益 | | 12,321 | | 16,469 |
| 営業外収益 | | | | |

　赤色の枠のように販管費の内訳項目が省略されています。注番号「※2」は，「注記事項」のうち「損益計算書関係」の注記として記載されています。

【注記事項】
　（継続企業の前提に関する事項）
　　　（省略）
　（重要な会計方針）
　１．資産の評価基準及び評価方法
　　(1)　有価証券の評価基準及び評価方法
　　　①　満期保有目的の債権
　　　　　償却原価法（定額法）
　　　　　（省略）
（損益計算書関係）
　※1　関係会社との営業取引及び営業取引以外の取引の取引高の総額。
　　　　（省略）
　※2　販売費及び一般管理費の主なものは，次のとおりであります。

（次ページに続く）

| | 前事業年度<br>（自　平成 X1年 4 月 1 日<br>至　平成 X2年 3 月31日） | 当事業年度<br>（自　平成 X2年 4 月 1 日<br>至　平成 X3年 3 月31日） |
|---|---|---|
| 販売促進費 | 18,867百万円 | 21,286百万円 |
| 広告宣伝費 | 3,448百万円 | 2,911百万円 |
| 運賃 | 6,308百万円 | 7,013百万円 |
| 給料 | 6,126百万円 | 6,919百万円 |
| 役員退職慰労引当金繰入額 | 46百万円 | 55百万円 |
| 役員賞与引当金繰入額 | 91百万円 | 111百万円 |
| 賞与引当金繰入額 | 1,959百万円 | 1,564百万円 |
| 株式給付引当金繰入額 | －百万円 | 13百万円 |
| 退職給付費用 | 793百万円 | 788百万円 |
| 減価償却費 | 833百万円 | 679百万円 |
| 貸倒引当金繰入額 | 12百万円 | 0百万円 |
| | | |
| おおよその割合 | | |
| 　販売費 | 74.1% | 71.8% |
| 　一般管理費 | 25.9% | 28.2% |

⑶　**営業外費用**

　営業外費用は，主たる事業活動（本業）以外の原因から生ずる費用で，財務・金融活動から生ずる費用です。

　これには，支払利息（企業が発行している社債の利息の支払いや他社から借りている借入金の利息の支払い分），売買目的有価証券売却損などがあります。

⑷　**特別損失**

　特別損失は，経常的に生じるのではなく，臨時的または突発的に生じた活動や事象による損失です。これには，固定資産売却損，災害による損失などがあります。これらを臨時損失と呼びます。

⑸　**法人税等**

　以上で損益計算書に計上される収益，費用および 5 種類の利益（または損失）について説明してきました。

　説明が残されているのは，法人税などの税金です。

　法人税，住民税，事業税は，税引前当期純利益から控除される項目として損益計算書上表示されます。

　また，税効果会計の適用による**法人税等調整額を法人税，住民税および事業税**のつぎに記載して，最終的に当期純利益が表示されることになります。

　税金は，企業にとって費用なのか，それとも利益の国への配分なのかという考え方の違いがあります。企業の事業活動も，道路を使用し，警察や消防のお世話にもなっていますから，利益の配分ではなく，事業活動にともなう費用であると考えられます。

　ただし，税金は，企業が獲得した利益に対して課税されるため，損益計算書では一般の費用とは別の表示方法がとられています。


# 6■費用項目の計上の考え方

　これまで説明してきました損益計算書の費用項目についても，その計上の考え方によって利益額に違いが生じます。

　たとえば，売上原価の計上の考え方が異なると，売上総利益に直接影響が出ます。売上原価を計算するのに必要な項目は，①払出数量と②払出単価です。①は　継続記録法と棚卸計算法によって計算されます。②は，個別法，先入先出法，総平均法，移動平均法，最終仕入原価法など，いずれの方法を選択するかで売上原価の金額が変わります。すでに説明したとおりです。

　また，減価償却費の計算方法の違いも営業損益に直接影響します。

　減価償却に必要な計算項目は，取得原価，耐用年数，残存価額，償却率などです。耐用年数は，経営者が見積もりますが，短いほど各会計年度の減価償却費は大きくなります（したがって，営業損益はその分減少します）。償却率は小さいほど各会計年度の減価償却費は小さくなります（したがって，営業損益はその分増加します）。

　このように，費用をどのような考え方（つまり，会計処理の方法によっているのか）で算定しているかを理解することは，損益計算書を利用するうえで大切です。

# 7■損益計算書からわかること

損益計算書からわかることをまとめると，つぎの諸点になります。

- ●企業のある一定期間の経営成績
- ●事業活動によってどれほどの利益を上げているのか
- ●企業経営にとって売上高（営業収益）を伸ばすことが最重要
- ●主な事業活動による利益 ⇒ 営業利益（常にプラスが◎）
- ●営業利益と付随する事業活動による利益 ⇒ 経常利益（経営者の経営管理能力の表れ）
- ●経常利益に特別損益・税金等を加減した利益 ⇒ 当期純利益（企業全体の経営成績。ボトムライン）

# 8■百分率損益計算書の作成

　貸借対照表の場合と同様に，損益計算書も収益項目と費用項目の金額を百分比を考慮して，百分率損益計算書を作成すると，企業にとってどの収益項目が重要なのか，どの費用項目が重要なのかをイメージとしてとらえることができます。

　百分率損益計算書の作成方法は，つぎのとおりです。

1　売上高（営業収益）を100％と考えて，各収益や各費用の割合を求める。

2　収益側は，売上高（営業収益），営業外収益，特別利益をそれぞれ売上高（営業収益）で割って割合（小数点以下第3位を四捨五入して第2位までのパーセンテージ）を求め，百分率損益計算書の1マスをたとえば4％として表示する。

3　費用側は，売上原価（事業費），販売費および一般管理費（営業費用），営業外費用，特別損失，法人税等を売上高（営業収益）で割って割合を求め，1マスをたとえば4％として記入する。

4　損益計算書に段階的に表示されている売上総利益，営業損益（営業利益または営業損失），経常損益（経常利益または経常損失），税引前当期純損

益（税引前当期純利益または税引前当期純損失）は，百分率損益計算書には記入しない。

5　当期純利益または当期純損失は，費用側または収益側に表示する。つまり，当期純利益の場合は，当期純利益を売上高（営業収益）で割って割合を求め，費用側に表示する。当期純損失の場合は，割合を求めたら収益側に表示する。

6　法人税等がマイナスの数値（金額）の場合，費用側ではなく収益側に表示する。法人税等がマイナスというのは，税金が還付されることを意味している。

7　最後に，収益側の各項目のパーセンテージを合計し，合計欄に記入し，費用側も同様に合計欄に合計パーセンテージを記入すれば完成である。なお，百分率貸借対照表と異なり，百分率損益計算書では，売上高（営業収益）を100％と考えて割合を計算しているので，営業外収益や特別利益などがあれば，合計パーセンテージは100％を超えることになる。

**図表6-11**を利用して，ぜひみなさんも百分率損益計算書を作成してみてください。データは，EDINETで入手できる有価証券報告書の財務諸表を使用するとよいでしょう。

百分率損益計算書から，つぎのような経営成績の特徴がわかります。

●当期純利益と当期純損失のいずれを計上しているのか。

●収益の特徴として，売上高（営業収益）を100％とした場合，営業外収益や特別利益はどれほどの割合で，重視すべき収益といえるか。

●費用の特徴として，重要視すべき費用項目は何か。

●経営成績を改善するうえでの着目項目はどれか。

なお，**図表6-12**は，銀行業・保険業を除く全産業の企業全体の百分率損益計算書（2020年度）です。

**図表6-11　百分率損益計算書の用紙**

(会社名)　　　　　　　　百分率損益計算書

| | 費用 | | 収益 | | |
|---|---|---|---|---|---|
| | 項目 | 百分率(%) | 項目 | 百分率(%) | |
| 1 | | | | | 1 |
| 2 | | | | | 2 |
| 3 | | | | | 3 |
| 4 | | | | | 4 |
| 5 | | | | | 5 |
| 6 | | | | | 6 |
| 7 | | | | | 7 |
| 8 | | | | | 8 |
| 9 | | | | | 9 |
| 10 | | | | | 10 |
| 11 | | | | | 11 |
| 12 | | | | | 12 |
| 13 | | | | | 13 |
| 14 | | | | | 14 |
| 15 | | | | | 15 |
| 16 | | | | | 16 |
| 17 | | | | | 17 |
| 18 | | | | | 18 |
| 19 | | | | | 19 |
| 20 | | | | | 20 |
| 21 | | | | | 21 |
| 22 | | | | | 22 |
| 23 | | | | | 23 |
| 24 | | | | | 24 |
| 25 | | | | | 25 |
| 26 | | | | | 26 |
| 27 | | | | | 27 |
| 28 | | | | | 28 |
| 29 | | | | | 29 |
| 30 | | | | | 30 |
| | 合計 | % | 合計 | % | |

※できあがりの見本は次頁の**図表6-12**を参照。なお，収益に売上高（営業収益）以外の項目（営業外収益や特別利益）があれば，合計は100%を超えることになる。

**図表6-12** 全産業（金融・保険を除く）の百分率損益計算書

2020年度全産業（金融・保険除く）企業

百分率損益計算書　　　　　（単位：％）

| 費　　用 | | 収　　益 | |
|---|---|---|---|
| 売上原価 | 74.59％ | 売上高 | 100.00％ |
| 販売費及び<br>一般管理費 | 22.36％ | | |
| 費用・純利益合計 | 103.46％ | 収益合計 | 103.46％ |

| 営業外費用 | 0.92％ | | |
|---|---|---|---|
| 特別損失 | 1.50％ | | |
| 法人税等 | 1.26％ | | |
| 当期純利益 | 2.83％ | 営業外収益 | 2.48％ |
| | | 特別利益 | 0.98％ |

※　本図表の元データは，政府統計の総合窓口（e-Stat），「法人企業統計調査 時系列デー
タ：金融業，保険業以外の業種（原数値）」（2021年9月1日公表（更新）），https://
www.e-stat.go.jp/stat-search/database?page＝1&layout＝datalist&toukei＝00350600
&tstat＝000001047744&cycle＝8&tclass1＝000001049372&tclass2val＝0（2021年10月
18日参照）による。なお，売上高合計は，1,362兆4,696億円である。

もう一歩進んだ理解のために（10）

## 損益計算書と貸借対照表との関係

　収益は，純資産の増加の原因，費用は純資産の減少の原因をそれぞれ示しています。たとえば，前年度に6億円で仕入れた商品すべてを今年度10億円で「掛で販売」（販売代金は後日の入金で販売）した場合で考えてみましょう。

　この場合，販売する前の貸借対照表には，棚卸資産に商品6億円が表示されています。販売したあとの貸借対照表では，商品6億円分がなくなって（販売によって商品が会社から出ていったため），売掛金10億円が当座資産に表示されます。つまり，商品の販売によって，商品6億円が消えて，売掛金10億円が新たに生まれたことになります。

　貸借対照表は，貸借が釣り合っている（バランスしている）ので，借方と貸方の金額が一致していなければなりません。借方では，上記のとおり，商品が減少し，売掛金が増加していますから，貸方でもこれに対応する増減が記録・表示されないと貸借がバランスせず，金額が不一致となってしまいます。

　商品6億円分が借方で減ると，貸方も6億円分減ります。貸方のうち，商品の販売によって負債が減るわけではありませんから，純資産が減少することになります。つまり，純資産を6億円分減少させる必要があります。これが販売された商品の元の値段（仕入れ値）である「売上原価」6億円という費用なのです。

　売掛金10億円が借方で増えましたから，貸方でもこれに見合う分だけ増加させなければ，貸借が一致しません。商品販売は負債とは無関係ですから，純資産を増加させることになります。そこで，販売された商品の販売額を「売上高」10億円という収益として記録・表示する必要があります。

　このように，売上高や売上原価は，純資産の増加と減少をそれぞれ表しているのです。

　このように考えると，損益計算書で表示されている収益，費用，利益は，貸借対照表の純資産が一会計期間の事業活動によってどのように変動したのかについて，その詳細を示していることになります。

　ただし，純資産を直接増減させる取引（資本取引といいます。たとえば，新株を発行して増資し，資本金・資本準備金を増加させる取引）は，損益計算書とは無関係です。あくまでも事業活動によって純資産を増減させる取引（損益取引といいます）だけが損益計算書に収益や費用として表示されます。

　以上の関係を図示したものが次の図表です。

**図表** 純資産の増減と収益・費用の関係

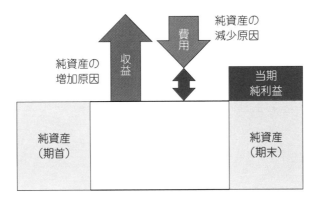

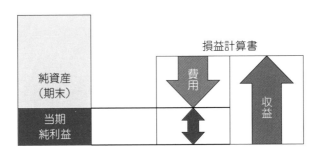

※当期純利益も純資産に含まれる。

# 第7章 キャッシュ・フロー計算書

　3種類の基本的な財務諸表と，それらが何を表示しているのかは，つぎのように整理できます。

　　●貸借対照表 ⇒ ある一定時点の財政状態

　　●損益計算書 ⇒ ある一定期間の経営成績

　　●キャッシュ・フロー計算書 ⇒ ある一定期間のキャッシュ・フローの状況

　また，財務諸表は，その対象とする企業活動の範囲で，つぎの2種類が区別されます。

　　●企業グループの財務諸表 ⇒ 連結財務諸表

　　●親会社の財務諸表　　　⇒（個別）財務諸表

　したがって，たとえば，貸借対照表には，連結貸借対照表と個別貸借対照表の2種類あり，子会社を持っている親会社は連結貸借対照表と個別貸借対照表を作成しますが，子会社のない会社は個別貸借対照表だけを作成します。

　なお，個別財務諸表と言う場合，「個別」はつけず，単に財務諸表と表記するのが普通です。

　キャッシュ・フロー計算書の場合，企業グループでは連結キャッシュ・フロー計算書が作成され有価証券報告書に掲載（開示）されますが，親会社だけのキャッシュ・フロー計算書は，掲載されません。

　また，子会社がない場合には，連結財務諸表は作成されないため，連結キャッシュ・フロー計算書の開示はなく，財務諸表の1つとして（個別）キャッシュ・フロー計算書が作成され開示されます。

　上場会社が上記のいずれかによって作成・開示されるキャッシュ・フロー計算書は異なっています。

　さて，本章では，3つ目の基本的な財務諸表であるキャッシュ・フロー計算書を学習します。

　企業は儲かっているのかどうか，つまり，企業経営の収益性を見極めること

が大切です。収益性を判断する場合，**黒字倒産**，**勘定あって銭足らず**に注目しなければなりません。

「黒字倒産」とは，当期純利益を計上しているにもかかわらず，負債の返済ができず，支払い不能の状態になることです。利益が出ているのに倒産してしまうという奇妙なことが生じる場合があります。

貸借対照表や損益計算書からは，黒字倒産の危険性は即座にはわかりません。

なぜならば，現在の会計は，**現金主義会計**（現金収入＝収益，現金支出＝費用，利益は現金余剰）ではなく，**発生主義会計**であるためです。

資本主義社会は，信用経済社会ですから，現金の入金・出金の事実を待ってから利益を算定するのではなく，企業の努力と成果を対応させて利益を算定するため，商品・製品・サービスの引渡しの事実により収益を計上しています。

このため，計上した収益は，受け取った現金と常に一致するとは限らないからです。このことを簡単な例で確認してみましょう。

利益は，「収益－費用」で計算されますから，計上した収益が100，費用が80とすると，利益は20（＝100－80）です。ただし，収益のうち当期に現金で受け取ったのは70，次期に受け取る予定が30，費用はすべて当期に現金で支払い済です。現金の入金・出金でみると，受け取った現金は70，支払った現金は80ですから，マイナス10となり，現金が不足しています。

期間初め（期首）の現金が15だったとすると，期末（決算日）には15－10＝5に減少しています。決算日の翌日に，買掛金20の決済（現金支払い）が必要

**図表7-1**　黒字倒産の計算例

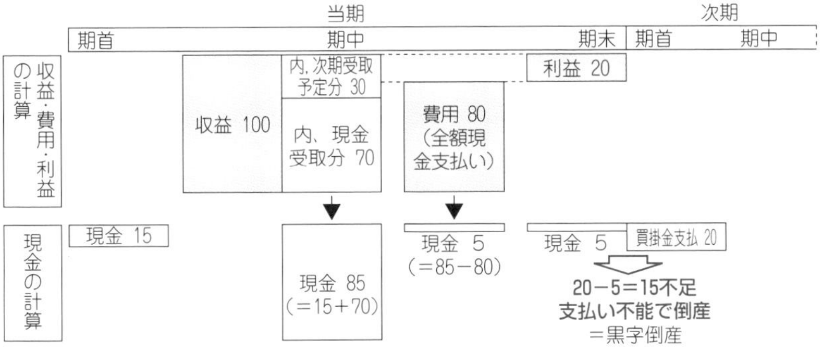

であるとすると，足りません。これが「黒字倒産」です（**図表7-1参照**）。

　黒字倒産の可能性を判断するために，キャッシュ・フロー計算書を利用します。

　この目的以外にも，キャッシュ・フロー計算書は，企業が新たな設備投資や研究開発投資などに回せるカネがどれほどあるのかという重要な情報を提供してくれます。

# 1 ■キャッシュ・フロー計算書の意義

　キャッシュ・フロー計算書は，企業のある一会計期間のキャッシュ・フローの状況を表示しています。

　キャッシュ・フローの状況とは，事業活動によるキャッシュ・インフローとキャッシュ・アウトフローの状況のことです。

　また，キャッシュとは，文字通り，現金のことですが，会計では，貨幣としての現金に加えて，現金とみなしてもよいものを加えて考えます。

　つまり，キャッシュには，

- 現金：手許現金，要求払預金（普通預金・当座預金など）
- 現金同等物：容易に換金可能であり，かつ価値の変動について僅少な（わずかな）リスクしか負わない短期投資。具体的には，定期預金（3カ月以内のもの），譲渡性預金，コマーシャル・ペーパー（企業が資金調達を行うために発行する短期の約束手形，Commercial Paper：CP）など

の2種類が含まれています。

　さて，信用経済のもとでは，損益計算書が表示する期間利益（ある一定期間の利益）は，そのすべてが必ずしも実際に利用できるキャッシュの正味受取額ではありません。

　期間利益である当期純利益は，つぎのように計算されます。

　　　当期純利益＝さまざまな収益－さまざまな費用

　さまざまな収益や費用は，それらがすべて現金収入や現金支出ではありません。たとえば，売上高（収益）のうち売掛金で代金決済した部分は現金収入ではありませんし，引当金繰入，減価償却費等の費用も現金支出ではありません。

　このため，当期純利益が出ていても，支払いのための現金が不足する場合が
生じるわけです。本章の冒頭で説明した，「黒字倒産」や「勘定合って銭足らず」
はこのことを意味する言葉です。

　そこで，キャッシュ(現金および現金同等物)の流れの理解が重要となってき
ます。この理解のためにはキャッシュ・フロー計算書が必要であるといえます。

　このことを計算例でみてみましょう。**図表7-2**はA社とB社の損益計算書
です。

**図表7-2**　**A社とB社の損益計算書**

| A社　損益計算書 | | B社　損益計算書 | |
|---|---|---|---|
| 現金売上 | 3,000 | 掛売上 | 3,000 |
| 掛仕入 | 1,800 | 掛仕入 | 1,800 |
| 売上総利益 | 1,200 | 売上総利益 | 1,200 |
| 販管費（現金支出） | 700 | 販管費（現金支出） | 700 |
| 営業利益 | 500 | 営業利益 | 500 |
| 法人税等（未払） | 200 | 法人税等（未払） | 200 |
| **当期純利益** | **300** | **当期純利益** | **300** |

**図表7-3**　**A社とB社のキャッシュ・フロー計算書**（直接法）

| A社　キャッシュ・フロー計算書 | | B社　キャッシュ・フロー計算書 | |
|---|---|---|---|
| 売上収入 | 3,000 | 売上収入 | － |
| 仕入支出 | － | 仕入支出 | － |
| 販管費支出 | △700 | 販管費支出 | △700 |
| 法人税等支払額 | － | 法人税等支払額 | － |
| **営業活動による　キャッシュ・フロー** | 2,300 | **営業活動による　キャッシュ・フロー** | △700 |
| 期首現金 | 2,500 | 期首現金 | 2,500 |
| **期末現金** | **4,800** | **期末現金** | **1,800** |

　※△印は「－」（マイナス）

　図表からわかるように，A社もB社も各項目の金額は全く同じで，当期純利益も同じです。違うのは売上が，A社は現金売上（売上代金を販売した日に現金で受け取る）であるのに対して，B社は掛売上（売上代金は販売した日の後で受け取る）である点だけです。

　両者のキャッシュの流れ（キャッシュ・フロー）を図表に表したものが**図表7-3**のキャッシュ・フロー計算書（直接法）です。

　現金売上は売上収入となりますが，掛売上は売上収入となりません。この違いによって，A社は期末に4,800の現金等（キャッシュ）がありますが，B社は期末に1,800の現金しかありません。

　このように売上高等が全く同じ金額で当期純利益が同じであっても，キャッシュ・フローを考慮すると大きな違いが出てくることがわかります。

　当期純利益が計上されているから安心だと判断してはいけないのです。キャッシュ・フロー計算書を見て，支払うのに必要なキャッシュが十分にあるかどうかを確かめておかなければなりません。

　なお，**図表7-3**のキャッシュ・フロー計算書は直接法といって，営業活動によるキャッシュ・フローを直接に把握して計算する方法によりキャッシュ・フロー計算書を作成しています。

　これに対して，営業活動によるキャッシュ・フローを直接に把握することには多くの手間がかかるので，これを当期純利益から逆算することによって求め

**図表7-4**　A社とB社のキャッシュ・フロー計算書（間接法）

| A社　キャッシュ・フロー計算書 | | B社　キャッシュ・フロー計算書 | |
|---|---|---|---|
| 当期純利益 | 300 | 当期純利益 | 300 |
| 売掛金増減 | － | 売掛金増減 | △3,000 |
| 買掛金増減 | 1,800 | 買掛金増減 | 1,800 |
| 未払法人税 | 200 | 未払法人税 | 200 |
| **営業活動による<br>キャッシュ・フロー** | 2,300 | **営業活動による<br>キャッシュ・フロー** | △700 |
| 期首現金等 | 2,500 | 期首現金等 | 2,500 |
| **期末現金等** | **4,800** | **期末現金等** | **1,800** |

る方法があります。これを間接法といいます。

　図表7-4は，図表7-3のキャッシュ・フロー計算書を間接法によって表示したキャッシュ・フロー計算書です。営業活動によるキャッシュ・フローの金額は変わりませんが，算定するための項目が変わっています。間接法は，損益計算書や貸借対照表の金額をそのまま利用できるメリットがあります。

## 2■キャッシュ・フロー計算書の内容

　キャッシュ・フロー計算書は，つぎの6項目を基本として作成されます。
　　●営業活動によるキャッシュ・フロー
　　●投資活動によるキャッシュ・フロー
　　●財務活動によるキャッシュ・フロー
　　●現金及び現金同等物の増減額
　　●現金及び現金同等物の期首残高
　　●現金及び現金同等物の期末残高
　最初の3つのキャッシュ・フローを合計したものが「現金及び現金同等物の増減額」です。これに期首残高を加えれば，期末の現金及び現金同等物の残高がわかります。

　キャッシュ・フロー計算書で特に大切なのは，最初の3つのキャッシュ・フローです。

　営業活動によるキャッシュ・フローとは，「主たる事業活動（営業活動）」によって生じた，ある一定期間におけるキャッシュの増減額です。主たる事業活動（本業）によるキャッシュ・フローですから，この数値が毎年「プラス」であることが企業経営上とても大切です。

　もし営業活動によるキャッシュ・フローが3年間連続してマイナスになったとすれば，そのような企業は資金繰りに困り，倒産するおそれが出てきます。

　投資活動によるキャッシュ・フローとは，ある一定期間における
　　●設備投資のためのキャッシュ・フロー
　　●子会社株式などの購入（金融投資）のためのキャッシュ・フロー
など，投資に関するキャッシュの増減額です。

　企業が投資を行うのは，将来の成長を考えてのことです。経営戦略を立て，将来どのような事業活動に注力するのか，企業の将来を左右します。投資活動により多くのキャッシュを使い，過去の投資の回収額よりも新たな投資額が多い場合，投資活動によるキャッシュ・フローはマイナスの金額となります。

　このキャッシュ・フローがマイナスの金額になったというと，みなさんは「それは好ましくない」と直感的に感じることでしょう。しかし，そうではありません。マイナスが望ましいのです。当期に投資をしておけば次期以降の成長性に期待が持てるからです。

　**財務活動によるキャッシュ・フロー**とは，ある一定期間における借入金の増加・返済など財務的な要因によるキャッシュの増減額です。このキャッシュ・フローは，プラスになったりマイナスになったりします。＋，－のいずれでも構いません。

　以上，3種類のキャッシュ・フローがキャッシュ・フロー計算書には表示されますが，これをどう読めばよいでしょうか。

　つぎのように読み解けばよいといえます。

- 「営業活動によるキャッシュ・フロー」でキャッシュを十分に生成しているか
- それを「投資活動」に十分に投下しているか
- 営業活動によるキャッシュ・フローと投資活動によるキャッシュ・フローとを比較して，

　　　キャッシュ不足の場合 ⇒ 不足のキャッシュを「財務活動」によって補充する

　　　キャッシュ余剰の場合 ⇒「財務活動」によって運用する

　**図表7-5**に直接法によるキャッシュ・フロー計算書を掲げていますから，これまでの説明を各自で確かめてください。

　なお，キャッシュ・フロー計算書には項目として表示されていませんが，フリー・キャッシュ・フローといって，「営業活動によるキャッシュ・フロー」に「投資活動によるキャッシュ・フロー」を加えて計算される「経営者が自由

に利用できるキャッシュ・フロー」があります。フリー・キャッシュ・フローがどの程度あるかは，企業経営の成長戦略にとって重要な判断材料です。

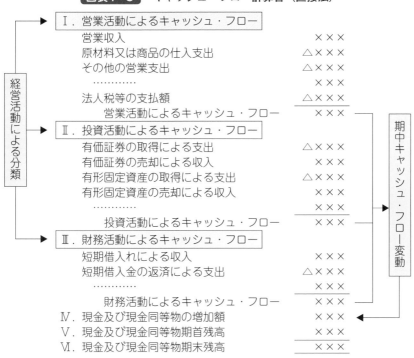

**図表7-5**　キャッシュ・フロー計算書（直接法）

| 経営活動による分類 | | | | 期中キャッシュ・フロー変動 |
|---|---|---|---|---|
| | Ⅰ．営業活動によるキャッシュ・フロー | | | |
| | | 営業収入 | ×××| |
| | | 原材料又は商品の仕入支出 | △×××| |
| | | その他の営業支出 | △×××| |
| | | ………… | ×××| |
| | | 法人税等の支払額 | △×××| |
| | | 営業活動によるキャッシュ・フロー | ×××| |
| | Ⅱ．投資活動によるキャッシュ・フロー | | | |
| | | 有価証券の取得による支出 | △×××| |
| | | 有価証券の売却による収入 | ×××| |
| | | 有形固定資産の取得による支出 | △×××| |
| | | 有形固定資産の売却による収入 | ×××| |
| | | ………… | ×××| |
| | | 投資活動によるキャッシュ・フロー | ×××| |
| | Ⅲ．財務活動によるキャッシュ・フロー | | | |
| | | 短期借入れによる収入 | ×××| |
| | | 短期借入金の返済による支出 | △×××| |
| | | ………… | ×××| |
| | | 財務活動によるキャッシュ・フロー | ×××| |
| | Ⅳ．現金及び現金同等物の増加額 | | ×××| |
| | Ⅴ．現金及び現金同等物期首残高 | | ×××| |
| | Ⅵ．現金及び現金同等物期末残高 | | ×××| |

## 3■営業活動によるキャッシュ・フローの表示方法

　上記で少し説明しましたが，営業活動によるキャッシュ・フローは，直接法または間接法のいずれかで表示されます。
　直接法は，営業活動による収入と支出を直接表示する方法です。このための記録を別途作成する必要があります。つまり，現金主義会計での記録を別に作ることが必要です。
　これに対して，間接法は，営業活動によるキャッシュ・フローを当期純利益から逆算して表示する方法です。この方法の場合，損益計算書と貸借対照表の

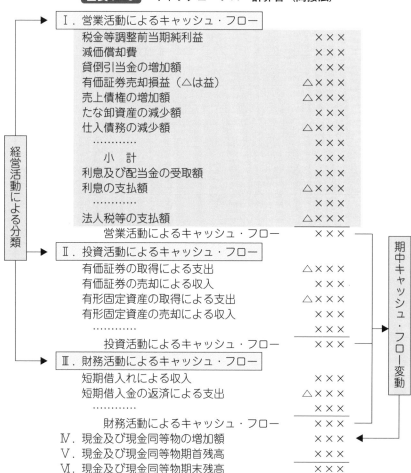

**図表7-6**　キャッシュ・フロー計算書（間接法）

| 経営活動による分類 | | | 期中キャッシュ・フロー変動 |
|---|---|---|---|
| | Ⅰ. 営業活動によるキャッシュ・フロー | | |
| | 税金等調整前当期純利益 | ×××  | |
| | 減価償却費 | ×××  | |
| | 貸倒引当金の増加額 | ×××  | |
| | 有価証券売却損益（△は益） | △××× | |
| | 売上債権の増加額 | △××× | |
| | たな卸資産の減少額 | ×××  | |
| | 仕入債務の減少額 | △××× | |
| | ………… | ×××  | |
| | 　　小　計 | ×××  | |
| | 利息及び配当金の受取額 | ×××  | |
| | 利息の支払額 | △××× | |
| | ………… | ×××  | |
| | 法人税等の支払額 | △××× | |
| | 　営業活動によるキャッシュ・フロー | ×××  | |
| | Ⅱ. 投資活動によるキャッシュ・フロー | | |
| | 有価証券の取得による支出 | △××× | |
| | 有価証券の売却による収入 | ×××  | |
| | 有形固定資産の取得による支出 | △××× | |
| | 有形固定資産の売却による収入 | ×××  | |
| | ………… | ×××  | |
| | 　投資活動によるキャッシュ・フロー | ×××  | |
| | Ⅲ. 財務活動によるキャッシュ・フロー | | |
| | 短期借入れによる収入 | ×××  | |
| | 短期借入金の返済による支出 | △××× | |
| | ………… | ×××  | |
| | 　財務活動によるキャッシュ・フロー | ×××  | |
| | Ⅳ. 現金及び現金同等物の増加額 | ×××  | |
| | Ⅴ. 現金及び現金同等物期首残高 | ×××  | |
| | Ⅵ. 現金及び現金同等物期末残高 | ×××  | |

データがあれば作成できます。

　直接法によるキャッシュ・フロー計算書は**図表7-5**に示しました。**図表7-6**では，間接法によるキャッシュ・フロー計算書を示しています。図表中のスクリーンがかかっている部分が，間接法での営業活動によるキャッシュ・フローの表示箇所です。

　なお，投資活動によるキャッシュ・フローも財務活動によるキャッシュ・フ

ローも，直接法，間接法とは無関係です。

　間接法によって営業活動によるキャッシュ・フローを表示する場合，「主た
る事業活動（営業活動）」によって生じたキャッシュの増減，つまり，売上，
仕入，販管費などによるキャッシュの増減を表示しますので，キャッシュ・フ
ロー計算書には，つぎの3つのキャッシュ・フローを順次，記載します。

　　●営業損益計算の対象となった取引によるキャッシュ・フロー（①）
　　●営業活動に係わる債権債務から生じるキャッシュ・フロー（②）
　　●投資・財務活動以外の取引によるキャッシュ・フロー（③）

　それでは，営業活動によるキャッシュ・フローの表示方法（間接法）の特徴
をみていきましょう。

　間接法によって作成されたキャッシュ・フロー計算書からは，売上収入の金
額や人件費の実際支払額といった各項目ごとのキャッシュの流出入額はわかり
ません。損益計算書と貸借対照表のデータを用いているからです。

　そこで，まず，上記の①（営業損益計算の対象となった取引によるキャッ
シュ・フロー）について，

　　●税引前当期純利益＝キャッシュの純インフロー
と考えることからスタートし，

　　●収益であるがキャッシュの裏付けのないものを減算
　　●費用であるがキャッシュの裏付けのないものを加算
します。

　たとえば，**減価償却費**は，過去に取得した有形固定資産の取得原価を，その
将来の使用期間にわたって配分し，将来期間の収益と対応させるために計上さ
れている費用です。減価償却費として計上された金額は，実際の資金の支出が
行われたのではありません。

　当期純利益は，減価償却費を控除したのちの金額ですが，キャッシュ・フ
ローの観点からは，減価償却費分だけ資金がまだ残っていることになります。
そこで，キャッシュ・フロー計算書上，減価償却費の計上を取り消してその金
額分だけ当期純利益に加算することになるわけです。

　また，**有価証券売却益**の計上金額（収益）は，当期純利益の計算にすでに含

まれていますが，キャッシュ・フローの観点では，売却益の金額だけがキャッシュ・インフローとして収入となったのではなく，売却した有価証券の取得原価分も収入となっています。

　したがって，有価証券売却益は営業活動によるキャッシュ・フローから除き取り消すとともに，投資活動によるキャッシュ・フローにおいて有価証券の売却による売却金額全額（＝取得原価＋売却益）を収入とするのです。

　こうすることによって，営業損益計算の対象となった取引によるキャッシュ・フローが表示されます。


　つぎに，上記の②（営業活動に係わる債権債務から生じるキャッシュ・フロー）について，
　　●売上債権の前期残高よりの増加 ⇒ キャッシュのマイナス
　　●　　　〃　　　減少(回収) ⇒ キャッシュのプラス
　　●支払債務の前期残高よりの増加 ⇒ キャッシュのプラス
　　●　　　〃　　　減少 ⇒ キャッシュのマイナス
とします。

　たとえば，売上債権の売掛金の期末残高が期首残高に比較して50だけ増加している場合を考えましょう。売掛金の増加額は，これに見合うだけの売上高の増加50として当期純利益の計算において収益として計上されています。

　しかし，この増加額50は，現金収入ではないので，当期純利益から出発した営業活動によるキャッシュ・フロー計算上，除く必要があります。したがって，「売上債権の前期残高よりの増加 ⇒ キャッシュのマイナス」とするわけです。

　このようにすれば，営業活動に係わる債権債務から生じるキャッシュ・フローが表示されます。


　さらに，上記③（投資・財務活動以外の取引によるキャッシュ・フロー）について，
　　●利息・配当金の実際受取額は，キャッシュのプラス
　　●利息の実際支払額は，キャッシュのマイナス
　　●税金の実際支払額は，キャッシュのマイナス

とすることによって，投資・財務活動以外の取引によるキャッシュ・フローが表示されます。

　以上の①〜③の結果，営業活動によるキャッシュ・フローが間接的に表示されます。

　日本の上場会社について，新日本有限責任監査法人による2012年9月の調査では，4,028社（当時の有価証券報告書提出会社数）中25社が直接法で営業活動によるキャッシュ・フローを表示していたということです（http://www. shinnihon.or.jp/corporate-accounting/case-study/2012/2012-09-24.html 参照）。

## 4 ■キャッシュ・フロー計算書の読み方

　キャッシュ・フロー計算書では，3種類のキャッシュ・フローが大切であることを指摘しました。

　みなさんが検討している企業のキャッシュ・フローの状況をどのように読み解けばよいでしょうか。

　3種類のキャッシュ・フローにはそれぞれプラスとマイナスの可能性がありますから，これらの組み合わせは全部で8通りあります。つまり，ある一定期間のキャッシュ・フローの状況は，**図表7-7** に示したA〜Hのパターンのどれかにあてはまっています。

　もっとも好ましい3種類のキャッシュ・フローのパターンは，CまたはDのパターンです。ただし，これらの場合に，3つのキャッシュ・フローの合計（つまり，現金及び現金同等物の増加額）がプラスとなっていることが条件です。

　これらの場合には営業活動によるキャッシュ・フローが十分にあることがうかがえます。

　逆に，論外なほどに困るのは，Hパターンです。Gパターンも健全な企業経営ではなく，投機的な印象があります。Eパターンも営業活動によるキャッシュ・フローが将来どうなるかで，危機的になる可能性があります。

**図表7-7** キャッシュ・フロー計算書の読み方

| 組み合わせのパターン | 営業活動による キャッシュ・フロー | 投資活動による キャッシュ・フロー | 財務活動による キャッシュ・フロー | パターンが意味すること ◎：望ましい ●：黒字倒産の危険性に要注意 |
|---|---|---|---|---|
| A | ＋ | ＋ | ＋ | すべての活動からキャッシュが生成（稀） |
| B | ＋ | ＋ | － | 営業によるキャッシュと投資回収によるキャッシュとで，財務を改善。しかし成長性が問題 |
| C | ＋ | － | ＋ | 営業によるキャッシュと財務によるキャッシュとで投資を拡大◎ ⇒ 将来の成長性を特に重視 |
| D | ＋ | － | － | 営業によるキャッシュを投資と財務健全化に投入◎ ⇒ 将来の成長性と財務健全化の両方をめざす |
| E | － | ＋ | ＋ | 営業でキャッシュを獲得できていない分，投資回収と財務借入れでキャッシュを確保● |
| F | － | ＋ | － | 営業でキャッシュを獲得できていないが，投資回収で余剰があり財務健全化。しかし成長性阻害 |
| G | － | － | ＋ | 営業でキャッシュを獲得できていないが，財務借入れで余剰があり投資を拡充。投資の失敗が命取りとなる可能性大 |
| H | － | － | － | すべての活動からキャッシュが生成できていない●● |

# 第8章 株主資本等変動計算書／セグメント情報／製造原価明細書

　本章では，基本的な3つの財務諸表（貸借対照表，損益計算書，キャッシュ・フロー計算書）と関係する，株主資本等変動計算書，セグメント情報，製造原価明細書を説明します。

## 1 ■株主資本等変動計算書の意義

　株主資本等変動計算書は，文字通り，「株主資本等」がある一定期間においてどのように「変動」したかを表示する「計算書」です。

　「株主資本等」とは，貸借対照表の「純資産」を意味しています。

　貸借対照表の「純資産」のある一定期間における変動には，

- 損益取引による増減
- 資本取引による増減

の2種類があります。

　損益取引による増減は，

- 当期純利益の増減
- 剰余金等の増減

の2つの増減が含まれます。

　他方，資本取引による増減は，

- 資本金・準備金の増減

です。

　**図表8-1**に示したように，当期純利益の増減についての明細を示したものが損益計算書です。また，剰余金等（当期純利益を除く）の増減と資本金・準備金の増減についての明細を示したものが株主資本等変動計算書です。

　貸借対照表の「純資産」は，決算日時点での状態を示しており，当期首（前期末）の「純資産」の状態が，当期末の状態にどのように変化したのかは，貸

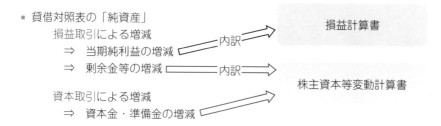

**図表8-1** 貸借対照表と損益計算書・株主資本等変動計算書との関係

借対照表には表示されていません。

　そこで，企業の経営成績を表す当期純利益の増減の明細（つまり，増加の原因となるのが「収益」，減少の原因となるのが「費用」）が損益計算書において表示されています（「もう一歩進んだ理解のために（10）」（126頁）を参照）。

　これと同様に，「純資産」の増減のうち，当期純利益以外の剰余金等の増減の明細と資本金・準備金の増減の明細が株主資本等変動計算書において表示されるわけです。

## 2■株主資本等変動計算書の内容

　株主資本等変動計算書は，貸借対照表の「純資産」の当期首（前期末）から当期末までの変動状況を表示する財務表です。

　「純資産」の変動状況は，株主資本等変動計算書では，つぎの3区分で表示されています。この区分は，貸借対照表の純資産の分類と同じです。

　　●株主資本の区分
　　●評価・換算差額等の区分
　　●新株予約権の区分

　各区分において，どのような変動の原因があったのか，株主資本等変動計算書の左側の列に記載されています。

　たとえば，「新株の発行」という原因によって，資本金と資本準備金がそれぞれ増加したことが示されています。

　株主資本等変動計算書の様式が**図表8-2**です。

**図表 8-2　株主資本等変動計算書の様式**

| | 株主資本 | | | | | | | | | | 評価・換算差額等 | | 新株予約権 | 純資産合計 |
| | | 資本剰余金 | | | 利益剰余金 | | | | | | | | | |
| | | | | | | その他利益剰余金 | | | | | | | | |
| | 資本金 | 資本準備金 | その他資本剰余金 | 資本剰余金合計 | 利益準備金 | 積立金 | 繰越利益剰余金 | 利益剰余金合計 | 自己株式 | 株主資本合計 | その他有価証券評価差額金 | 評価・換算差額等合計 | 新株予約権 | 純資産合計 |
|---|---|---|---|---|---|---|---|---|---|---|---|---|---|---|
| 当期首残高 | ××× | ××× | ××× | ××× | ××× | ××× | ××× | ××× | △××× | ××× | ××× | ××× | ××× | ××× |
| 当期変動額 | | | | | | | | | | | | | | |
| 新株の発行 | ××× | ××× | | ××× | | | | | | ××× | | | | ××× |
| 剰余金の配当 | | | | | | | △××× | △××× | | △××× | | | | △××× |
| 剰余金の配当に伴う利益準備金の積立て | | | | | ××× | | △××× | | | | | | | |
| 当期純利益 | | | | | | | ××× | ××× | | ××× | | | | ××× |
| 自己株式の処分 | | | | | | | | | ××× | ××× | | | | ××× |
| ××××× | | | | | | | | | | | | | | |
| 株主資本以外の項目の当期変動額（純額） | | | | | | | | | | | ××× | ××× | ××× | ××× |
| 当期変動額合計 | ××× | ××× | — | ××× | ××× | — | ××× | ××× | ××× | ××× | ××× | ××× | ××× | ××× |
| 当期末残高 | ××× | ××× | ××× | ××× | ××× | ××× | ××× | ××× | △××× | ××× | ××× | ××× | ××× | ××× |

※「当期末残高」欄の金額は、貸借対照表の各項目の金額と、「当期純利益」欄の金額は、損益計算書の当期純利益の金額とそれぞれ一致し、また、「剰余金の配当」欄の金額は、本図表に注記される「配当金の支払額」における配当金の総額の合計と一致する。なお、ここでは注記を省略している。

## 3■株主資本等変動計算書からわかること

株主資本等変動計算書からわかることは，つぎの諸点などです。
- 当期末の純資産は当期首（前期末）の純資産からどのように変動したの
か，その内訳明細
- 損益取引による期中の変動と資本取引による期中の変動との区別
- 増資による資金調達
- 配当政策（当期純利益に対する剰余金の配当金額の割合）

特に，配当政策は，株主に対して，利益からの配分をどの程度で行うのかについて，経営者の意思を表しています。配当の原資（もとになる金額）は当期純利益と過年度からの繰越利益です。これらを株主に分配するのか，それとも企業の将来の発展に備えて企業内部に留保しておくのか（内部留保）は，企業経営にとって重要な意思決定の１つです。

配当政策の積極性は，次式で算定される配当性向で判断することができます。

> 配当性向(%)＝(期中配当金＋期末配当金)÷税引後当期純利益 ×100％

配当性向が大きいほど積極的な配当政策を行っており，株主重視の経営であるということができます。そのような企業は，株主にとっては魅力的な企業です。

## 4■セグメント情報の意義

セグメントとは，たとえば，ピザを取り分けたときの１つ１つの部分のことです。事業活動を切り分けるとすれば，いろいろな観点で区別できますが，その区別した１つ１つをセグメントといいます。たとえば，販売している商品や製品の種類の１種類ずつがセグメントになったり，製造・販売している地域や主な顧客もセグメントになります。

したがって，セグメント情報というのは，商品・製品ごとの情報，地域ごとの情報，主な顧客ごとの情報という意味です。

なお，連結財務諸表等規則第15条の２は，つぎのように定めています。

### （セグメント情報等の注記）

第15条の2　企業を構成する一定の単位（以下「報告セグメント」という。）に関する情報（以下「セグメント情報」という。）については，次に掲げる事項を様式第一号に定めるところにより注記しなければならない。

一　報告セグメントの概要

二　報告セグメントごとの売上高，利益又は損失，資産，負債その他の項目の金額及びこれらの金額の算定方法

三　前号に掲げる金額の項目ごとの合計額と当該項目に相当する科目ごとの連結貸借対照表計上額又は連結損益計算書計上額との差額及び当該差額の主な内容

2　報告セグメントに関連する情報（様式第二号において「関連情報」という。）については，次に掲げる事項を同様式に定めるところにより注記しなければならない。

一　製品及びサービスごとの情報

二　地域ごとの情報

三　主要な顧客ごとの情報

3　連結貸借対照表又は連結損益計算書において，次に掲げる項目を計上している場合には，報告セグメントごとの概要を様式第三号に定めるところにより注記しなければならない。

一　固定資産の減損損失

二　のれんの償却額及び未償却残高

三　負ののれん発生益

4　前三項の規定にかかわらず，重要性の乏しいものについては，注記を省略することができる。

## 5■セグメント情報の内容

　セグメント情報は，セグメントの種類ごとに作成されます。

　「製品及びサービス」をセグメントとした場合，つぎの**図表8-3**のようにセグメント情報が開示されます。なお，製品は商品，サービスは役務と読み替えることができます。

　図表では，たとえば「自動車部品」という製品を作成している事業セグメン

ト，「船舶」という製品を作成している事業セグメントなどのように事業活動別に表示されています。

　また，「セグメント利益」は多くの場合「セグメントで得られた営業利益」が記載されています（どの利益かは説明されています）。

　この様式の場合，会社グループ全体の売上高（連結売上高）の305億円のうち，「電子」事業セグメントでの外部顧客への売上高が120億円と39.34％を占めており，コア・ビジネスであることがわかります。

**図表8-3** セグメント情報の様式（製品・サービスのセグメント）

（単位：百万円）

| | 自動車部品 | 船舶 | ソフトウェア | 電子 | その他[注1] | 調整額[注2] | 連結財務諸表計上額[注3] |
|---|---|---|---|---|---|---|---|
| 売上高 | | | | | | | |
| 　外部顧客への売上高 | 3,000 | 5,000 | 9,500 | 12,000 | 1,000 | – | 30,500 |
| 　セグメント間の内部売上高又は振替高 | – | – | 3,000 | 1,500 | – | △4,500 | – |
| 計 | 3,000 | 5,000 | 12,500 | 13,500 | 1,000 | △4,500 | 30,500 |
| セグメント利益 | 200 | 70 | 900 | 2,300 | 100 | △2,050 | 1,520 |
| セグメント資産 | 2,000 | 5,000 | 3,000 | 12,000 | 2,000 | 500 | 24,500 |
| セグメント負債 | 1,050 | 3,000 | 1,800 | 8,000 | – | 5,000 | 18,850 |
| その他の項目 | | | | | | | |
| 　減価償却費 | 200 | 100 | 50 | 1,000 | 50 | 50 | 1,450 |
| 　有形固定資産及び無形固定資産の増減額 | 300 | 700 | 500 | 800 | – | 1,000 | 3,300 |

※注記は省略。
**（出所）** 企業会計基準委員会，企業会計基準適用指針第20号「セグメント情報等の開示に関する会計基準の適用指針」，「参考 1. 開示例」，2008年3月21日。

## 6■セグメント情報からわかること

　会社は，通常さまざまな事業活動を行っています。連結売上高が増加したと

しても，どの事業活動（ビジネス）で増加したのか，どの事業活動が最も売上高の増加に貢献したのかは，連結損益計算書だけではわかりません。

　そこで，セグメント情報が開示されれば，複数の事業活動のうち，どの事業活動が会社にとって重要かを読み取ることができます。

　セグメント情報からわかることは，つぎの諸点などです。

- どの事業活動が会社グループにとってコア・ビジネスなのか
- どの事業活動がよりもうかっているか
- どの事業活動がより多くの資産を利用し，より多くの負債を抱えているか
- どの地域での売上高が一番多いか
- どの顧客に対する売上高が一番多いか

# 7■製造原価明細書の意義

　**製造原価明細書**は，ある会計期間に製造した製品の製造原価を示す報告書です。製造業の場合，売上原価の内訳明細書として損益計算書へ添付することが財務諸表等規則第75条第2項によって義務付けられています。

　ただし，2014年3月期より，連結財務諸表等規則第15条の2第1項に定められている「セグメント情報」（「上記4.を参照）を注記している場合には，製造原価明細書を掲げる必要がなくなっています。

　これは，上場会社の事業活動が多様化しており，その場合に，複数の事業についてそれぞれの製造原価を算定し，製造原価明細書にまとめて開示しても，投資情報としての目的適合性が低下していると考えられるためです。

　セグメント情報を開示していない場合は，（個別）損益計算書に続いて製造原価明細書を開示しなければなりません。

　なお，**製品製造原価**は，略して「製品原価」や「製品コスト」と呼ばれることもあります。以下では「製造原価」とします。

　損益計算書には，売上高に続いて，売上原価が記載され，両者の差額が売上総利益として表示されています。

　商品を仕入れてそれを販売している企業にとって，販売できた商品の取得原

価（仕入値プラス購入に要した費用）が売上原価となります。

　しかし，製品を製造してそれを販売している企業では，製品の取得原価，すなわち製造原価が売上原価となるわけですが，製造原価の計算は少々複雑です。

　というのは，製品の製造原価は，

- 　製品の材料費
- 　製品を製造する人の賃金（労務費）
- 　製品を製造するうえでの経費

の3つの要素から算定されるからです。

　これら3つのうち，製品の製造原価はどの要素から影響を受けているかを明らかにするために製造原価明細書が作成され開示（有価証券報告書に掲載）されています。

# 8 ■製造原価明細書の内容

　上記のとおり，製品の製造原価は3つの要素から構成されますので，製造原価明細書にもこれらが記載されています。これら3つを合計した当期総製造費用も表示されます。

　これら以外に，

- 　前年度末に製造の途中にあり，在庫として繰り越された未完成品の総製造費用（期首仕掛品棚卸高）
- 　期末の決算日時点で在庫となった未完成品の総製造費用（期末仕掛品棚卸高）

が表示されます。

　これらの結果，つぎの計算によって，当期に製品として販売できたものの原価（当期製品製造原価）が確定します。

> 当期製品製造原価＝当期総製造費用＋期首仕掛品棚卸高－期末仕掛品棚卸高

　当期製品製造原価がわかると，売上原価を算定することができます。つまり，つぎの計算によって売上原価が確定し，これが損益計算書に表示されます。

売上原価＝期首製品棚卸高＋当期製品製造原価－期末製品棚卸高

**図表8-4**では，製造原価明細書の構造が示されています。

**図表8-4**　**製造原価明細書の構造**

製造原価明細書

| | | |
|---|---|---|
| Ⅰ　材料費 | | |
| 　1　期首材料棚卸高 | ＊＊＊ | |
| 　2　当期材料仕入高 | ＊＊＊ | |
| 　　　合　計 | ＊＊＊ | |
| 　3　期末材料棚卸高 | ＊＊＊ | |
| 　　当期材料費 | | ＊＊＊ |
| Ⅱ　労務費 | | |
| 　1　直接工賃金 | ＊＊＊ | |
| 　2　間接工賃金 | ＊＊＊ | |
| 　　当期労務費 | | ＊＊＊ |
| Ⅲ　経費 | | |
| 　1　外注加工賃 | ＊＊＊ | |
| 　2　減価償却費 | ＊＊＊ | |
| 　　当期経費 | | ＊＊＊ |
| 　　**当期総製造費用** | | ＊＊＊ |
| 　　期首仕掛品棚卸高 | | ＊＊＊ |
| 　　　　合　計 | | ＊＊＊ |
| 　　期末仕掛品棚卸高 | | ＊＊＊ |
| 　　**当期製品製造原価** | | ＊＊＊ |

また，**図表8-5**は，カルビー株式会社の実際の製造原価明細書です。

**図表8-5**　製造原価明細書（カルビー株式会社）

| 区分 | 注記番号 | 前事業年度（自 2019年4月1日 至 2020年3月31日）金額（百万円） | 構成比（％） | 当事業年度（自 2020年4月1日 至 2021年3月31日）金額（百万円） | 構成比（％） |
|---|---|---|---|---|---|
| Ⅰ　材料費 | | 61,748 | 67.2 | 60,506 | 67.0 |
| Ⅱ　労務費 | | 15,626 | 17.0 | 16,433 | 17.6 |
| Ⅲ　外注加工費 | | 445 | 0.5 | 368 | 0.4 |
| Ⅳ　経費 | ※1 | 14,029 | 15.3 | 14,014 | 15.0 |
| 当期総製造費用 | | 91,849 | 100.0 | 93,323 | 100.0 |
| 期首仕掛品たな卸高 | | 541 | | 470 | |
| 合計 | | 92,391 | | 93,793 | |
| 期末仕掛品たな卸高 | | 470 | | 440 | |
| 他勘定振替高 | ※2 | 273 | | 237 | |
| **当期製品製造原価** | ※3 | 91,647 | | 93,116 | |

※注記を省略。朱字表示は筆者追加。

# 9 ■製造原価明細書からわかること

製造原価明細書からわかることは，つぎの諸点などです。

- ●製造業に属する企業の製品製造原価の内訳
- ●製品製造原価の前期からの変化の原因（材料費，労務費，経費のどれが増減したのか）
- ●特に，為替相場の変動，インフレ率，労働市場の変化などが企業の製品製造原価にどれほどの影響を与えるのか（たとえば，材料を海外からドル建で購入している企業にとって，円安になればなるほど材料費は大きくなり，結果として製品製造原価は上昇する）

**図表8-5**のカルビーの場合，当事業年度の当期総製造費用は前事業年度に比較して1.60％上昇しており，結果として同じ1.60％の当期製品製造原価の上

昇となっています。

　損益計算書に記載されている売上高（195,850百万円）が前年度197,658百万円に比べて0.91％の減少となっています。収益（売上高）が減少しているのに，費用（当期製品製造原価）が増加していることは，企業経営上の1つの問題といえます。

# 第3部
# 財務諸表分析による企業分析

# 第9章 収益性分析：ROA と ROE

企業が公表している財務諸表を利用して，企業に関するさまざまな意思決定に利用できることを目標として，財務諸表を構成する，貸借対照表，損益計算書，キャッシュ・フロー計算書を中心に説明をしてきました。

貸借対照表と損益計算書については，百分率計算書を作成し，企業にとってどの項目が重要かをイメージで理解・読み取れるようにしました。これらの内容がすぐに頭の中にイメージとして出てくることが大切です。

さて，第9章から第13章までの5章では，財務諸表を用いた分析により，企業経営の良否をどのように判断するかを説明します。

その場合，企業の利害関係者のうち，投資者の立場から分析を行います。

投資者が一番知りたいことは，**企業経営の収益性**です。収益性は，収益の程度という意味ですが，ここでの収益とは損益計算書に計上する収益とは意味が異なっています。むしろ，利益，もうけの意味です。

## 1 ■収益性の比率

収益性を分析するとき，利益をどれほど上げているかの金額の大きさそのものだけを見てもよくわかりません。利益と何かを比較してみることが必要です。つまり，割合（比率）で考えます。

割合をみるとき，何と何を比較して割合を出すかでさまざまな組み合わせがあります。

損益計算書の数値だけを使うとすれば，つぎのような比較と具体的な比率を上げることができます。

- 売上高といろいろな利益との比較
  - ◆売上高と営業利益との比較 ⇒ 売上高営業利益率
  - ◆売上高と経常利益との比較 ⇒ 売上高経常利益率

　◆売上高と当期純利益との比較 ⇒ **売上高（当期）純利益率**

●売上高といろいろな費用との比較

　◆売上高と売上原価との比較 ⇒ （売上高）**売上原価率**

　◆売上高と販売費および一般管理費との比較 ⇒ **売上高販管費比率**

たとえば，売上高営業利益率は，

> 営業利益÷売上高×100%

で計算されます。この比率が30%となったとすると，売上高100円につき30円の営業利益を得ていることになります。

　売上高といろいろな利益との比較では，比率が大きいほど収益性が良く，売上高といろいろな費用との比較では，比率が小さいほど収益性が良いことになります。

　なお，いろいろな比率が出てきますが，その計算式を覚える必要はありません。おおかたは比率の名称だけで計算式がわかります。

　つまり，「Ａ Ｂ」率（売上高営業利益率の場合，売上高がＡ，営業利益がＢです）は，

$$\text{ＡＢ率} = \frac{Ｂ}{Ａ} \times 100\%$$

で計算されます。このように，前の項目Ａが分母，後の項目Ｂが分子になります。

　つぎに，損益計算書と貸借対照表の数値を使って比較する場合を考えましょう。

●利益と資産との比較

　⇒ **資産利益率**（資本利益率）：この比率が大きい方が収益性が良い

●売上高と資産との比較

　⇒ **資本回転率**（資産売上高率）：この比率が大きい方が収益性が良い

　資産利益率は一般的な名称で，具体的には「資産」と「利益」に貸借対照表の項目と損益計算書の項目を利用します。たとえば，「資産」に総資産，「利益」に経常利益を使えば，総資産経常利益率を計算できます。

　また，資産利益率は資本利益率とも呼ばれます。ここでの「資本」とは，企業が調達した資金の意味です。

　資本回転率は資産売上高率の意味ですが，売上高を上げるのに資産が何回使用されたかを表しています。「資産」にどの貸借対照表の資産項目を用いるかで，いろいろな資本回転率があります。

　さらに，損益計算書の数値と有価証券報告書の数量を使って比較する場合には，つぎのような比率があります。

　　●売上高と従業員数との比較
　　　　⇒　従業員1人当たりの売上高：この金額が大きい方が収益性が良い
　　●利益と従業員数との比較
　　　　⇒　従業員1人当たりの利益：この金額が大きい方が収益性が良い
　　●利益と株式数との比較
　　　　⇒　1株当たりの利益：この金額が大きい方が収益性は良い
　　●利益と配当金との比較
　　　　⇒　配当性向（＝配当金÷当期純利益×100％）：この比率が大きいほど株主への配当が大きく，株主を重視している。逆に，内部留保が小さく，企業の将来の発展への備えが少ない

## 2■利益と資産の比較による収益性

　利益と資産の比較により収益性をみるのに用いる比率は，資本利益率です。これは，資産利益率というべきですが，企業経営に用いている資産は，もともとは株主または債権者が提供した資金，つまり広い意味での資本です。

　そこで，資本がどれだけ利益を生み出しているかを重視する意味で，資本利益率と呼ばれています。その計算式は，つぎのとおりです。

$$\boxed{\text{資本利益率（％）＝利益÷資本×100％}}$$

　より少ない資産（資本）でより多くの利益を獲得するのが望ましいので，資本利益率は大きければ大きいほど収益性が良いことになります。

　資本利益率の代表的なものには，

　　●総資本と事業利益との対比

　　●自己資本と当期純利益との対比

の2種類の財務比率があります。

### ⑴　総資本事業利益率（ROA）

　まず，総資本と事業利益との対比には，つぎの計算式で表される総資本事業利益率が用いられます。

　なお，ここでの「総資本」とは，貸借対照表の「資産合計」（または「負債・純資産合計」）です。

> 総資本事業利益率（％）＝事業利益÷平均使用総資本×100％

　事業利益は，損益計算書に表示されていませんから，各自で算出する必要があります。次式で計算します。

> 事業利益＝営業利益＋受取利息＋受取配当金＋有価証券利息

　分母の平均使用総資本は，貸借対照表の「資産合計」（または「負債・純資産合計」）の期首の数値と期末の数値の平均です。

> 平均使用総資本＝（期首の資産合計＋期末の資産合計）÷ 2

　なぜ平均とするのかですが，分子と分母とで，時間軸をそろえるためです。分子の事業利益は，ある一定期間（事業年度）の数値です。総資本（資産合計）は，ある一定時点（決算日）の数値です。比べる数値と基準となる数値とで時間軸が異なると正確な比較ができないため，総資本の期首と期末との平均をとって，事業年度に平均してどれほどの総資本を使用していたことになるかを算出しているわけです。

　総資本事業利益率は，Rate of Return on Assets ですので，頭文字をとって，ROA と一般に呼ばれます。

　ROA は，営業活動からの営業利益と財務活動からの営業外収益との合計を平均使用総資本と対比します。

　総資本，つまり企業が調達した資金すべて（その資金を運用している資産すべて）をもって事業活動が行われていますが，事業活動からどの程度の利益が稼ぎ出されているかを表示するものです。

　分子に用いられている事業利益は，企業の本業（主たる事業活動）からの利益（＝営業利益）とそれに付随する財務活動からの収益ですから，総資本事業利益率は，企業の**通常の事業活動**がいかに**利益（つまり，収益性）**を上げているかを表していることになります。

　通常の事業活動でどれだけの利益が得られているか，企業活動の収益性を判断するうえで最も基本的で重要です。

　なお，ROA は，正確には，総資本事業利益率ですが，事業利益の代わりに，営業利益や経常利益を用いると次のような名称になります。

　　　⚫営業利益を用いて，総資本営業利益率（総資産営業利益率）
　　　⚫経常利益を用いて，総資本経常利益率（総資産経常利益率）

　通常の事業活動との比較ですので，これら3つの利益はいずれを採用しても差し支えないでしょう。

　ただし，総資産事業利益率が一番その企業の力を見ることができるといえます。事業利益は，営業利益に，営業外収益のうち受取利息・受取配当金・有価証券利息を加算します。

　総資産のうち，営業活動に用いている資産（棚卸資産や有形・無形固定資産など）を使用すれば「営業利益」につながります。営業活動に用いていない資産（当座資産の有価証券や投資その他の資産など）を使用すれば「営業外収益」につながります。事業利益は，これらの両方をとらえているから，企業の収益力を一番よく表しているのです。

　これに対して，営業利益だけで ROA を計算すると，営業活動に用いていない資産による収益が考慮されないのに，分母にはその資産が含まれており，利益と資産の比較では完全ではありません。

　また，一部の教科書では，当期純利益を用いて ROA を算出しているケースがあります。これは，通常の事業活動に加えて，臨時的・偶発的な事象による損益（特別損益）も含めてしまいますので，好ましくないと考えられます。

　事業利益に代えて，営業利益または経常利益で計算した，**総資本営業利益率**

と総資本経常利益率の実際の平均値は，つぎのとおりです。

| | 総資本営業利益率 (%) | | | | | 総資本経常利益率 (%) | | | | |
|---|---|---|---|---|---|---|---|---|---|---|
| 年度 | 2016 | 2017 | 2018 | 2019 | 2020 | 2016 | 2017 | 2018 | 2019 | 2020 |
| 全産業<br>（金融・保険除く） | 3.62 | 3.96 | 3.81 | 3.06 | 2.26 | 4.63 | 4.90 | 4.71 | 3.96 | 3.41 |
| 製造業 | 3.86 | 4.45 | 4.00 | 2.90 | 2.32 | 5.52 | 5.30 | 5.39 | 6.14 | 5.71 |
| 卸・小売業 | 2.72 | 3.10 | 2.87 | 2.58 | 2.34 | 3.57 | 3.54 | 3.56 | 4.35 | 4.03 |

（**出所**）　数値は，政府統計の総合窓口（e-Stat），「法人企業統計調査 時系列データ：金融業，保険業以外の業種（原数値）」(2021年9月1日公表（更新))，https://www.e-stat.go.jp/stat-search/database?page＝1&layout＝datalist&toukei＝00350600&tstat＝000001047744&cycle＝8&tclass1＝000001049372&tclass2val＝0（2021年10月18日 参照）のデータをもとに筆者が算定した。表中の割合は小数点以下第3位で四捨五入している。以下「第3部」の数値は同様に算定したものである。

### ⑵　**自己資本純利益率（ROE）**

つぎに，自己資本・当期純利益の対比では，次式で表される**自己資本当期純利益率**が用いられます。

$$\text{自己資本当期純利益率（％）} ＝（税引後）当期純利益 ÷ 平均自己資本 × 100％$$

当期純利益は損益計算書のデータです。

平均自己資本は，期首と期末の自己資本（＝純資産－新株予約権）の平均です。当期純利益が一定期間の数値ですので，時間軸をあわせるために，次式のように，自己資本も一定期間に平均した数値にします。

$$\text{平均自己資本} ＝（期首の自己資本＋期末の自己資本）÷ 2$$

自己資本純利益率は，Rate of Return on Equity ですから，頭文字をとって，ROE と呼ばれます。自己資本は，株主が提供した資金額（＝株主持分）を表していますから，ROE は，当期純利益（税引後）がこの資金からどの程度生み出されたのかを意味します。株主にとってみれば，この値が大きければ大き

いほど望ましいことはいうまでもありません。

　なお，ROE と，当期純利益に代えて経常利益で計算した**自己資本経常利益率**の平均値は，つぎのとおりです。

| 年度 | 自己資本経常利益率（%） | | | | | 自己資本当期純利益率（%） | | | | |
|---|---|---|---|---|---|---|---|---|---|---|
| | 2016 | 2017 | 2018 | 2019 | 2020 | 2016 | 2017 | 2018 | 2019 | 2020 |
| 全産業<br>（金融・保険除く） | 11.49 | 11.91 | 11.26 | 9.42 | 8.24 | 7.62 | 8.76 | 8.33 | 5.93 | 5.05 |
| 製造業 | 11.47 | 12.74 | 11.59 | 9.48 | 9.06 | 7.94 | 7.21 | 7.38 | 9.61 | 8.48 |
| 卸・小売業 | 9.93 | 12.15 | 11.61 | 10.72 | 9.84 | 6.40 | 5.57 | 5.93 | 7.75 | 7.70 |

　ここで注意する必要があるのは，負債（つまり，他人資本，債権者持分）の大きさによって，ROE は大きな影響を受けるということです。

　つまり，総資本（総資産）の合計額が同一であっても，負債の総資本に占める割合が大きい方が，営業利益の変動率に比べて ROE の変化率が大きくなるという効果があります。

　この効果には，つぎの意味があります。

- 総資本営業利益率が負債利子率よりも大きい場合
  - ⇒ 他人資本（たとえば，借入金）を利用すればするほど自己資本純利益率には有利に働き，大きく計算される。
- 逆に，総資本営業利益率が負債利子率よりも小さい場合
  - ⇒ 他人資本を利用すればするほど自己資本純利益率には不利に働き，小さく計算される。

　少しの変化（営業利益の変化）がそれに見合う以上に大きな変化（ROE の変化）になるという意味で，これは一種の「てこの原理」を表すので，この現象は**財務レバレッジ（トレーディング・オン・ジ・エクイティ）**と呼ばれています。

　財務レバレッジを簡単な数値例で示したのが，**図表9-1**です。

　図表からわかるように，たとえば，総資本が1,000，負債が800の場合，前期

### 図表9-1　財務レバレッジの設例

| ケース | 営業利益 | 負債 | 支払利息※ | 当期純利益 | 自己資本 | 総資本 | ROA | ROE |
|---|---|---|---|---|---|---|---|---|
| A | 100 | 800 | 40 | 60 | 200 | 1,000 | **10.00%** | 30.00% |
| B | 50 | 800 | 40 | 10 | 200 | 1,000 | **5.00%** | 5.00% |
| C | 25 | 800 | 40 | −15 | 200 | 1,000 | **2.50%** | −7.50% |

※負債利子率を5％と仮定しているので，支払利息＝800×0.05＝40（A〜Cの場合）

| ケース | 営業利益 | 負債 | 支払利息 | 当期純利益 | 自己資本 | 総資本 | ROA | ROE |
|---|---|---|---|---|---|---|---|---|
| D | 100 | 400 | 20 | 80 | 600 | 1,000 | **10.00%** | 13.33% |
| E | 50 | 400 | 20 | 30 | 600 | 1,000 | **5.00%** | 5.00% |
| F | 25 | 400 | 20 | 5 | 600 | 1,000 | **2.50%** | 0.83% |

　の営業利益が50（ケースB）から当期に100になった（ケースA）とすると，ROE は5％から30％へと6倍も変化しています。

　これに対して，負債が半分の400であった場合，前期の営業利益が50（ケースE）から当期に100になった（ケースD）とすると，ROE は5％から13.33％へと約2.6倍の変化にとどまっています。

　このように負債の金額が大きい方が，営業利益の増加によって ROE は大幅に増加してしまう効果が出ています。

　したがって，ROEが大幅に上昇したからといって収益性がきわめてよくなったと短絡的に判断してはいけません。負債が増加していないかどうかもみなければならないのです。

　これに対して，総資本事業利益率（ROA）は，負債の金額的な大きさによる財務レバレッジの影響を受けていません（**図表9-1**でも営業利益の変化とROA の変化とは同じです。負債の大きさの影響はありません）。昨今，総資本事業利益率が重視されるのは，この点もあるからです。

　上記では，営業利益の場合の財務レバレッジをみてきましたが，当期純利益でも同様のことが生じます。KDDI とソフトバンクのケース（個別財務諸表をベースに）を比較したものが**図表9-2**です。

図表9-2 KDDIとソフトバンクにおける財務レバレッジ

(百万円)

| 2021年3月期 | KDDI | ソフトバンク | |
|---|---|---|---|
| 営業収益 | 4,062,750 | 3,407,542 | ① |
| 当期純利益 | 578,634 | 419,021 | ② |
| 平均総資産 | 5,819,061 | 5,091,188 | ③ |
| 平均自己資本 | 3,940,261 | 908,394 | ④ |
| ROE（自己資本純利益率） | 14.69% | 46.13% | ②÷④ |

図表9-3 KDDIとソフトバンクの総資本純利益率（ROA）

| 2021年3月期 | KDDI | ソフトバンク | |
|---|---|---|---|
| 負債の割合 | 31.83% | 83.14% | |
| 自己資本比率 | 68.17% | 16.73% | |
| 売上高当期純利益率 | 14.24% | 12.30% | ②÷① |
| 総資本回転率 | 0.70 | 0.67 | ①÷③ |
| ROA（総資本純利益率） | 9.94% | 8.23% | ②÷③ |

　図表9-2をみると，ROEはソフトバンクの方がKDDIの3.14倍です。しかし，総資産に占める負債の割合は，KDDIの31.83％に対して，ソフトバンクは83.14％です。ROEは3.14倍もの差がありますが，ROAでみると，ソフトバンクの8.23％に対して，KDDIは9.94％と逆転しています。これは，財務レバレッジの影響があるためです。つまり，ソフトバンクのROEがKDDIよりも高いのは負債の割合がとても大きいことも影響しています（**図表9-3**参照）。

## 3■資本利益率の原因分析

　上記のROAとROEによって企業全体の収益性の程度が評価されると，つぎに過去の期間との比較や他企業との比較を行い，収益性の違いの原因を探る必要があります。
　この原因を探るために，資本利益率を次式のように，**売上高利益率**と**資本回転率**との積に分解します。

$$
\begin{aligned}
資本利益率 & \\
= 売上高利益率 & (\%) \times 資本回転率 (回) \\
= \dfrac{利益}{売上高} & \times \dfrac{売上高}{平均使用資本}
\end{aligned}
$$

### ⑴ ROA の分解

　上式は一般的な考え方を表した計算式です。より具体的に，利益として営業利益を，資本として総資本（総資産）をそれぞれあてはめると，次式のようになります（総資本営業利益率の分解）。

　たとえば，パソコン机を仕入れて販売している企業A社とB社を考えましょう。

**図表9-4** ROA の分解

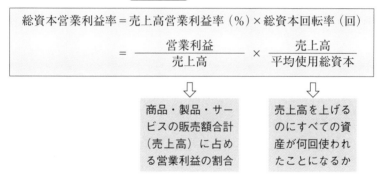

　両者の総資本営業利益率は6％で等しいですが，**図表9-5**に示したように，ROA を分解した売上高営業利益率と総資本回転率は異なっています。

　パソコン机を仕入れると企業の倉庫に一旦保管されます。

　販売されると倉庫から顧客へと届けられ，代金の支払いが行われます。

　この一連のプロセスにおいて，当初仕入れたパソコン机の代金はどこから得た資金でしょうか。それは，株主から得た資金，債権者から借り入れた資金，あるいは前期以前に獲得した利益のいずれか，またはそれらの組み合わせです。

　そうすると，これらの資金が，仕入によってパソコン机に変わり，保管され，そして仕入値に利益を加えて販売される（売上）と，パソコン机はなくなり，

図表9-5 総資本営業利益率（ROA）の分解の設例

| | 総資本営業利益率 | 売上高営業利益率 | 総資本回転率 |
|---|---|---|---|
| A社 | 6％ | 8％ | 0.75回 |
| B社 | 6％ | 4％ | 1.5回 |

代わりに現金が入ってきます。

　これがパソコン机という商品の販売プロセスの一循環（資金→商品→資金：営業循環）です。

　企業の収益性は，仕入値に加味される利益の大きさによって左右されることはいうまでもありません。これを表すのが，売上高営業利益率です。A社の方がB社よりも優れています。B社はこれを改善することが必要です。

　これに加えて，売上の一営業循環の期間が短ければ短いほど利益は上がるということも大切であることがわかるでしょう。

　これを表すのが総資本回転率です。

　総資本回転率とは，総資本（総資産）が当期の売上高を上げるのに何回使われたかを示しています。

　**図表9-5**によれば，総資本回転率は，B社の方がA社よりも優れています。A社はこれを改善することが必要です。

　A社は売上高営業利益率が高いですが，資本回転率が1回を下回っています。このことは商品の在庫が多い可能性があり，在庫の削減など資本回転率を改善する経営政策がとられるかどうかに注目することが大切です。

　これに対して，B社は，資本回転率がA社の2倍ですが，この値が低下すると収益性は一変し悪化するため，売上高の趨勢に着目しておかなければなりません。

　このように，資本利益率は企業の収益性を教えてくれますが，これを分解して考えれば，どの点に優れ，どの点で劣っているのか，企業経営上の課題発見につながります。

　**図表9-6**は，パナソニックのROA（連結ベース）を分解した結果を示しています。企業経営上の課題は何か，各自で考えてみてください。

　さて，売上高利益率についてもう少し詳しくみてみましょう。

図表9-6　パナソニックの総資本営業利益率（ROA）の分解

| 連結ベース | 2016年<br>3月期 | 2017年<br>3月期 | 2018年<br>3月期 | 2019年<br>3月期 | 2020年<br>3期 | 2021年<br>3期 |
|---|---|---|---|---|---|---|
| **総資本営業利益率** | 7.31% | 5.99% | 6.54% | 5.32% | 4.69% | 4.70% |
| 売上高営業利益率 | 5.42% | 4.68% | 5.03% | 4.09% | 3.83% | 4.59% |
| 総資本回転率 | 1.35回 | 1.28回 | 1.30回 | 1.30回 | 1.22 | 1.03 |
| 連結売上高（百万円） | 7,626,306 | 7,343,707 | 7,982,164 | 8,002,733 | 7,490,601 | 6,698,794 |
| 連結営業利益*（百万円） | 413,246 | 343,616 | 401,202 | 327,032 | 286,663 | 307,155 |
| 連結平均使用総資本（百万円） | 5,654,407 | 5,735,493 | 6,137,055 | 6,152,540 | 6,116,225 | 6,532,796 |

＊ IFRS 採用。なお，営業利益は「売上総利益−販管費」で算出している。

　売上高利益率の良否の原因を探り，収益性の差の原因を明確にするために，百分率損益計算書を作成し，過去数年間の比較，あるいは同業他社との比較を行うことによって分析することが必要です。

　分析に用いる売上高利益率は，売上高に対比する利益の種類によって，名称が変わります。たとえば，つぎの3つのケースがあります。

● 主たる営業活動から得られた利益水準の分析

　　⇒ 売上高営業利益率（売上高100に対して営業利益はどれほど得られたか）

● 主たる営業活動と財務活動等その他の活動から得られた利益水準の分析

　　⇒ 売上高経常利益率（売上高100に対して経常利益はどれほど得られたか）

● 事業活動全体から得られた利益水準の分析

　　⇒ 売上高当期純利益率（売上高100に対して税引後の当期純利益はどれほど得られたか）

| | 売上高営業利益率（％） | | | | | 売上高経常利益率（％） | | | | |
|---|---|---|---|---|---|---|---|---|---|---|
| 年度 | 2016 | 2017 | 2018 | 2019 | 2020 | 2016 | 2017 | 2018 | 2019 | 2020 |
| 全産業<br>（金融・保険除く） | 4.03 | 4.37 | 4.41 | 3.72 | 3.06 | 5.15 | 5.41 | 5.47 | 4.82 | 4.61 |
| 製造業 | 4.36 | 5.06 | 4.62 | 3.51 | 3.13 | 5.85 | 5.87 | 6.08 | 6.97 | 6.60 |
| 卸・小売業 | 1.60 | 1.72 | 1.71 | 1.55 | 1.53 | 1.98 | 2.11 | 2.10 | 2.41 | 2.40 |

| | 売上高当期純利益率（％） | | | | |
|---|---|---|---|---|---|
| 年度 | 2016 | 2017 | 2018 | 2019 | 2020 |
| 全産業<br>（金融・保険除く） | 3.42 | 3.98 | 4.04 | 3.03 | 2.83 |
| 製造業 | 3.92 | 5.26 | 4.83 | 3.29 | 4.24 |
| 卸・小売業 | 1.25 | 1.54 | 1.59 | 1.35 | 1.37 |

### (2) ROE の分解

ROE は，財務レバレッジの影響を受けるので要注意と説明しました。ROE は，株主が株式と引き換えに提供した資金（自己資本＝純資産－新株予約権）がどれだけの当期純利益（最終利益）を生み出したかを示していますから，株主が重視する財務指標です。ROE が高ければ，それだけ株主への還元（配当金に支払いや株価の上昇）も多くなるからです。

それでは，ROA と同様に ROE を分解して，利益率，資本回転率および財務レバレッジの3つの観点から経営課題を探る手がかりを得ましょう。

ROE は，**図表9-7** のように分解できます。

図表に示したとおり，ROE は3つの要素に分解できますから，それぞれの値が過去10年間でどのように変化してきたか，あるいは，同業他社の値や業界平均値と比較してどのように違うかをみれば，改善すべき点が明らかになります。

また，3つのうち，最初の2つは，総資本純利益率（ROA）を分解したのと同じです。これが財務レバレッジでどの程度影響を受けているかも見抜くことができます。

**図表9-7**　ROE の分解

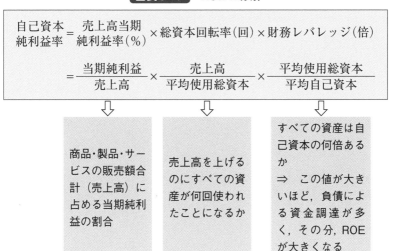

$$\frac{自己資本}{純利益率} = \frac{売上高当期}{純利益率(\%)} \times 総資本回転率(回) \times 財務レバレッジ(倍)$$

$$= \frac{当期純利益}{売上高} \times \frac{売上高}{平均使用総資本} \times \frac{平均使用総資本}{平均自己資本}$$

| | | |
|---|---|---|
| 商品・製品・サービスの販売額合計（売上高）に占める当期純利益の割合 | 売上高を上げるのにすべての資産が何回使われたことになるか | すべての資産は自己資本の何倍あるか<br>⇒　この値が大きいほど，負債による資金調達が多く，その分，ROEが大きくなる |

# 4■売上高と資産との比較

　企業経営上，より少ない資産でより多くの売上高（または営業収益）を計上できるのが望ましいことは容易にわかるでしょう。

　この視点で分析するのが，売上高（または営業収益。なお，以下では売上高と表記）と資産との比較です。このため，**資本回転率**を求めて考えましょう。

　資本回転率は，すでに説明したように，ある一定の会計期間に，売上プロセス（営業循環）が何回循環したか，すなわち，「資本すべて＝事業活動資金すべて＝資産すべて」が何回利用されたかを示しています。

　資本回転率と呼ばれていますが，資本（資金）の具体的な運用形態である資産を用いて分析しますから，ここでの資本とは資産項目を意味しています。

　代表的な資本回転率は，つぎに示すとおりです。

⑴　**売上高と調達資金との比較**

　　●すべての事業活動資金

　　　⇒　**総資本回転率**（＝売上高÷平均使用総資本）（回）

●株主が出資した事業活動資金

　⇒　**自己資本回転率**（＝売上高÷平均自己資本）（回）

●債権者から調達した事業活動資金

　⇒　**他人資本回転率**（＝売上高÷平均他人資本）（回）

　　＊他人資本＝負債合計

| 年度 | 総資本回転率（回） | | | | | 自己資本回転率（回） | | | | |
|---|---|---|---|---|---|---|---|---|---|---|
| | 2016 | 2017 | 2018 | 2019 | 2020 | 2016 | 2017 | 2018 | 2019 | 2020 |
| 全産業<br>（金融・保険除く） | 0.90 | 0.91 | 0.86 | 0.82 | 0.74 | 2.18 | 2.10 | 2.03 | 1.95 | 1.78 |
| 製造業 | 0.89 | 0.88 | 0.87 | 0.82 | 0.74 | 2.03 | 1.94 | 1.84 | 1.77 | 1.71 |
| 卸・小売業 | 1.70 | 1.80 | 1.68 | 1.67 | 1.53 | 5.24 | 4.67 | 4.75 | 4.88 | 5.13 |

| 年度 | 他人資本回転率（回） | | | | |
|---|---|---|---|---|---|
| | 2016 | 2017 | 2018 | 2019 | 2020 |
| 全産業<br>（金融・保険除く） | 1.49 | 1.50 | 1.47 | 1.42 | 1.22 |
| 製造業 | 1.68 | 1.68 | 1.70 | 1.62 | 1.42 |
| 卸・小売業 | 2.67 | 2.70 | 2.61 | 2.61 | 2.35 |

## (2)　売上高と資産項目との比較

　売上高と資産項目との比較によって算定される，資産に関する資本回転率（回）として，**図表9－8**の4つが代表的です。

　なお，1年365日を資本回転率で割ってやれば，**回転期間**が計算できます。たとえば，売掛債権回収率が「3回」だったとすると回転期間は約120日にもなります。これは，売上債権（受取手形や売掛金）が平均すると120日経過しないと現金として回収できないことを意味しています。

　受取手形や売掛金は，何日後に現金として回収できるのだったでしょうか。30～90日後です。それが120日もかかっているとすれば，30～90日で回収できていない売上債権があるということになります。つまり，不良債権の可能性が

**図表9-8**　資産に関する資本回転率

| | |
|---|---|
| 売上債権回転率（回）<br><br>$=\dfrac{売上高}{（受取手形＋売掛金＋受取手形割引高）の平均}$ | 回転率が低い → 代金の回収が遅延，不良債権の可能性 |
| 棚卸資産回転率（回）$=\dfrac{売上高}{棚卸資産の平均}$ | 回転率が低い → 在庫が多すぎる，不良在庫の可能性 |
| 有形固定資産回転率（回）$=\dfrac{売上高}{有形固定資産の平均}$ | 原則は高いのが望ましい。ただし設備投資が過少の可能性 |
| 手元流動性比率（倍）$=\dfrac{（現金預金＋有価証券）の平均}{売上高÷12}$ | 何カ月分の売上高に相当する資金を持っているか |

**図表9-9**　資本回転率などに関する上場会社の規模別平均（全産業）

| 年度 | 売上債権回転率（回） | | | | | 売上債権回転期間（日） | | | | |
|---|---|---|---|---|---|---|---|---|---|---|
| | 2016 | 2017 | 2018 | 2019 | 2020 | 2016 | 2017 | 2018 | 2019 | 2020 |
| 全産業<br>（金融・保険除く） | 6.61 | 6.58 | 6.58 | 6.51 | 6.27 | 55.20 | 55.50 | 55.50 | 56.10 | 58.20 |
| 製造業 | 5.18 | 5.16 | 5.18 | 5.18 | 4.93 | 70.50 | 70.80 | 70.50 | 70.50 | 74.10 |
| 卸・小売業 | 7.65 | 7.46 | 7.42 | 7.46 | 7.51 | 47.70 | 48.90 | 49.20 | 48.90 | 48.60 |

| 年度 | 棚卸資産回転率（回） | | | | | 棚卸資産回転期間（日） | | | | |
|---|---|---|---|---|---|---|---|---|---|---|
| | 2016 | 2017 | 2018 | 2019 | 2020 | 2016 | 2017 | 2018 | 2019 | 2020 |
| 全産業<br>（金融・保険除く） | 13.67 | 13.52 | 12.81 | 12.67 | 11.59 | 26.70 | 27.00 | 28.50 | 28.80 | 31.50 |
| 製造業 | 9.66 | 9.66 | 9.36 | 8.75 | 8.17 | 37.80 | 37.80 | 39.00 | 41.70 | 44.70 |
| 卸・小売業 | 17.38 | 16.90 | 16.22 | 15.21 | 14.66 | 21.00 | 21.60 | 22.50 | 24.00 | 24.90 |

| 年度 | 有形固定資産回転率（回） | | | | | 有形固定資産回転期間（日） | | | | |
|---|---|---|---|---|---|---|---|---|---|---|
| | 2016 | 2017 | 2018 | 2019 | 2020 | 2016 | 2017 | 2018 | 2019 | 2020 |
| 全産業<br>（金融・保険除く） | 3.37 | 3.47 | 3.34 | 3.25 | 2.97 | 108.31 | 105.19 | 109.28 | 112.31 | 122.90 |
| 製造業 | 4.09 | 4.05 | 4.11 | 3.90 | 3.54 | 89.24 | 90.12 | 88.81 | 93.59 | 103.11 |
| 卸・小売業 | 7.89 | 7.99 | 8.12 | 7.83 | 7.17 | 46.26 | 45.68 | 44.95 | 46.62 | 50.91 |

| 年度 | 手元流動性比率（倍） | | | | |
|---|---|---|---|---|---|
| | 2016 | 2017 | 2018 | 2019 | 2020 |
| 全産業<br>（金融・保険除く） | 1.88 | 1.86 | 1.88 | 1.92 | 2.46 |
| 製造業 | 1.90 | 1.90 | 1.93 | 1.94 | 2.52 |
| 卸・小売業 | 1.16 | 1.06 | 0.98 | 1.03 | 1.31 |

あるということになります。

　**図表9-9**は，各種の資本回転率と回転期間の平均です。

# 5■収益性（ROA・ROE）の評価

　以上の収益性の分析結果から，ROA や ROE などによる収益性の評価は，
つぎのようにまとめることができます。

①　売上高営業利益率：売上高営業利益率○○％は，売上高100円につき営
　　業利益○○円を得ていることを示しており，本業での収益性はよい（よく
　　ない）。また，売上高純利益率も○○％と高率（低率）である。

②　ROA（総資本事業利益率）は○○％であり，平均して使用している資
　　産100円が○○円の事業利益を生み出しており，より少ないモノからより
　　多くの利益が得られているといえる（いえない）。

③　ROE は，○○％と ROA に比べると約○ポイント上回る（下回る）良
　　好な（かんばしくない）数値であり，また，財務レバレッジが○倍と低く
　　（高く），負債による影響は小さく（大きく），収益性の評価上の問題はな
　　い（問題がある）といえる。株主の立場から，ROE は高い（低い）数値
　　で期待通りである（でない）。

④　ただし，ROA も ROE も分解してみると，利益率はよいが，総資本回
　　転率が少し低く，使用している資産の効率的な利用に改善すべき点が認め
　　られる。この主な原因は，流動資産の有価証券と投資その他の資産とを合
　　わせた金融投資の金額が，資産全体に対して○○％を占めていることに原
　　因があると考えられる。かかる潤沢な資金をどのように効果的に利用する
　　かに一つの経営課題が認められる。

（④の代案）ただし，ROA も ROE も分解してみると，総資本回転率は業界
　　平均を上回っており問題がないが，利益率が平均を下回っており改善すべ
　　き点が認められる。この主な原因は，営業利益率の低さにある。売上原価
　　または販管費の一層の削減を行うことが求められる。

## 6 ■財務諸表以外の情報を利用した収益性の分析

　上記では，貸借対照表または損益計算書の数値データを用いた収益性の分析をみてきました。

　ここでは，損益計算書と財務諸表以外の情報とを利用した収益性の分析をみましょう。

　比較する対象と指標にはつぎのものがあります。

　　●売上高と従業員数との比較

　　　⇒ 従業員１人当たりの売上高（＝売上高÷従業員数）

　　●利益と従業員数との比較

　　　⇒ 従業員１人当たりの利益（＝利益÷従業員数）

　これらの数値は，大きい方が望ましいといえます。

　なお，従業員数のデータは，有価証券報告書の「企業の概況」の「提出会社の主要な財務指標の推移」の表などから入手できます。

　　●利益と株式数との比較

　　　⇒ １株当たりの利益（＝利益÷発行済株式総数）

　　●利益と配当金との比較

　　　⇒ 配当性向（％）

　　　　（＝配当金（＝期末配当＋中間配当）÷当期純利益×100％）

　　　⇒ 配当倍率（倍）（＝当期純利益÷配当金）

| 年度 | 配当性向（％） | | | | | 配当倍率（倍） | | | | |
|---|---|---|---|---|---|---|---|---|---|---|
| | 2016 | 2017 | 2018 | 2019 | 2020 | 2016 | 2017 | 2018 | 2019 | 2020 |
| 全産業<br>（金融・保険除く） | 40.37 | 37.93 | 42.25 | 54.26 | 68.10 | 2.48 | 2.64 | 2.37 | 1.84 | 1.47 |
| 製造業 | 49.70 | 40.30 | 46.56 | 69.00 | 54.92 | 2.01 | 2.48 | 2.15 | 1.45 | 1.82 |
| 卸・小売業 | 38.69 | 32.57 | 43.87 | 47.30 | 50.27 | 2.58 | 3.07 | 2.28 | 2.11 | 1.99 |

# 7■収益性に関する財務比率と株価との関係

これまでは事業活動の収益性に関する財務比率の内容とその意味について整理してきました。ここでは，それを一歩進め，収益性がどのように企業の株価に関連しているかについてみましょう。

この関連を示す指標として，**株価収益率**が用いられます。株価収益率は次式によって算出されます。

> 株価収益率（倍）＝株価÷1株当たりの利益

株価収益率は，Price Earnings Ratio ですから，頭文字をとって，PER と呼ばれます。

これは，株価が1株当たりの利益の何倍で買われているかを示しています。

株価収益率の算定式を変形すれば，つぎのようになります。

> 株価＝株価収益率×1株当たりの利益

株価は，この式で求められますから，株価収益率が一定であるとすれば，1株当たりの利益が大きくなればなるほど，それだけ株価は上昇することを意味しています。

つまり，1株当たりの利益が将来どうなるかがわかり，株価収益率の過去の最大値と最小値がわかれば，今後の株価がどの程度になるか，上限と下限を予測することができます。

1株当たりの利益は，次式によって求められます。

> 1株当たりの利益＝税引後当期純利益÷発行済株式総数

1株当たりの利益は株式1株当たりの利益額を示しています。これによく似た**自己資本純利益率**（ROE）は自己資本100円当たりの利益額を示しています。

1株当たりの利益が大きいということは，自己資本利益率も高いことを意味していますから，株価水準も高くなるはずです。

なぜならば，現在株主も将来株主も投資する額に見合う以上の利益を期待す

**図表9-10**　決算短信での1株当たり当期純利益の予想

3．2021年11月期の連結業績予想（2020年12月1日～2021年11月30日）

(%表示は，対前期増減率)

| | 売上高 | | 営業利益 | | 経常利益 | | 親会社株主に帰属する当期純利益 | | 1株当たり当期純利益 |
|---|---|---|---|---|---|---|---|---|---|
| | 百万円 | % | 百万円 | % | 百万円 | % | 百万円 | % | 円　銭 |
| 通期 | 410,000 | △22.8 | 27,000 | △4.6 | 28,600 | △1.3 | 15,400 | 35.3 | 109.57 |

**(注)**　直近に公表されている業績予想からの修正の有無：無
**(出所)**　キユーピー株式会社，「2021年11月期　第3四半期決算短信〔日本基準〕（連結）」
　　　　　2021年10月4日

るので，自己資本利益率が高いということはその企業の株式を購入する動機が強くなる，すなわちその株式に対する需要が大きくなるから株価は上昇するわけです。

　以上のことから，株価収益率の過去の経験値がわかると，1株当たりの利益の予想値，特に当期純利益の予想値を考えることによって株価水準の予測が可能になります。

　わが国では，当期純利益の予想値が，決算短信において開示されていますので，参考すべきデータの1つです。

　**図表9-10**は，キユーピー株式会社の決算短信です。1株当たり当期純利益の次期の予想値が記載されています。

　これらのほか，上記の配当性向や配当倍率も株価水準を評価するうえで考慮すべき指標です。

　配当性向は，利益のうち何%が配当に回されたか，また，配当倍率は，当期純利益は配当の何倍にあたるかをそれぞれ示しています。

## 8■財務諸表以外の有価証券報告書の情報の利用

　本章では，以上において，企業の評価の基本を投資者の立場から説明してきました。企業評価の基本はつぎの5点に整理できます。

　　🔘各種の財務数値（少なくとも5年間の期間比較や同業他社との比較）を

　　基礎として分析すること：時系列分析とクロス・セクション分析
　●株価と連動する財務比率に注目すること：ROA と ROE
　●財務比率は，財務諸表に計上された数値を利用して算出すること：デー
　　タの信頼性と確実性
　●財務諸表数値に重要な影響を及ぼすさまざまな要因を加味する必要があ
　　ること
　●その要因は，重要な会計方針などの財務諸表注記や有価証券報告書の財
　　務諸表以外の情報（コーポレートガバナンスや事業リスク等の情報）か
　　ら読み取ること

　財務諸表数値に重要な影響を及ぼすさまざまな要因のうち，重要な会計方針
には，利益を増加させる会計方針と利益を削減させる会計方針があります。

　年度間で会計方針の変更が行われていたり，企業間で異なる会計方針が選択
されている場合，財務諸表の数値を用いるにあたり，これらの影響を考慮する
必要があります。

　そのためには，会計基準の内容をより深く理解しておく必要があります。本
書は，会計学のビギナーズのためのものですので，これらには立ち入りません。
財務諸表論などの専門書で引き続き学習を進めてください。

　本章のまとめとして，企業評価に役立つ財務諸表以外の有価証券報告書の情
報について整理しておきましょう（**図表9-11参照**）。

図表9-11 　有価証券報告書等でのリスク情報等の開示内容

| 有価証券報告書の記載場所 | 記載項目 | 記載内容 |
|---|---|---|
| 第2【事業の状況】 | 2【事業等のリスク】 | (a) 連結会社の経営成績等の状況の異常な変動<br>　　特定の取引先・製品・技術等への依存<br>　　特有の法的規制・取引慣行・経営方針<br>　　重要な訴訟事件等の発生<br>　　役員・大株主・関係会社等に関する重要事項　等<br>(b) 提出会社が将来にわたって事業活動を継続するとの前提に重要な疑義を生じさせるような事象・状況その他提出会社の経営に重要な影響を及ぼす事象<br>(c) 将来に関する事項を記載する場合には，当該事項は書類提出日現在において判断したものである旨 |
| | 3【経営者による財政状態，経営成績及びキャッシュフローの状況の分析】 | ・経営成績等の状況の概要<br>(a) 最近連結会計年度等における事業全体及びセグメント情報に記載された区分ごとの経営成績の状況並びにキャッシュ・フローの状況について，前年同期と比較して，その概要<br>(b) 生産，受注及び販売の状況について，前年同期の実績と比較してセグメント情報に関連付けて記載し，生産，受注及び販売の実績について著しい変動があった場合には，その内容<br>(c) 生産能力，主要な原材料価格，主要な製商品の仕入価格・販売価格等に著しい変化があった場合，その他生産，受注，販売等に関して特記すべき事項がある場合には，セグメント情報に関連付けてその内容について記載<br>(d) 主要な販売先がある場合には，最近2連結会計年度等における相手先別の販売実績，当該販売実績の総販売実績に対する割合<br>・経営者の視点による経営成績等の状況に関する分析・検討内容<br>(e) 経営成績等の状況に関して，事業全体及びセグメント情報に記載された区分ごとに，経営者の視点による認識及び分析・検討内容（例えば，経営成績に重要な影響を与える要因についての分析）を経営方針・経営戦略等の内容と関連付けて記載<br>　　また，資本の財源・資金の流動性に係る情報<br>　　なお，経営方針・経営戦略又は経営上の目標の達成状況を判断するための客観的な指標等がある場合には，当該経営方針・経営戦略等・当該指標等に照らして，経営者が経営成績等をどのように分析・検討しているかを記載など<br>(f) キャッシュ・フローの状況の分析・検討内容並びに資本の財源及び資金の流動性に係る情報の記載に当たっては，資金調達の方法及び状況並びに資金の主要な使途を含む資金需要の動向についての経営者の認識を含めて記載<br>(g) 連結財務諸表の作成に当たって用いた会計上の見積り及び当該見積りに用いた仮定のうち，重要なものについて，当該見積り及び当該仮定の不確実性の内容やその変動により経営成績等に生じる影響など，「第5　経理の状況」に記載した会計方針を補足する情報を記載<br>・将来に関する事項を記載する場合には，当該事項は書類提出日現在において判断したものである旨 |
| 第4【提出会社の状況】 | 4【コーポレートガバナンスの状況等】 | (a) コーポレートガバナンスの概要<br>　　提出会社のコーポレートガバナンスに関する基本的な考え方，企業統治の体制の概要及び当該企業統治の体制を採用する理由を具体的に記載<br>(b) 役員の状況<br>　　男女別の人数，女性比率，役職名・氏名・生年月日・略歴・任期・所有株式数，社外取締役・監査役の員数等（選任していない場合はその理由）<br>(c) 監査の状況<br>　　監査役監査の状況，内部監査の状況等，会計監査の状況（監査法人名称，継続監査期間，業務執行の公認会計士の氏名，監査補助者の構成，監査法人等の選定理由，監査報酬の内容等）<br>(d) 役員の報酬等<br>　　提出会社の役員の報酬等の額，その算定方法の決定に関する方針の内容及び決定方法，報酬等の額・その算定方法の決定に関する方針の決定権限を有する者の氏名・名称・権限の内容・裁量の範囲<br>(e) 株式の保有状況 |

# 第10章 収益性分析：CVP

　第9章では，主に財務諸表に表示された数値を用いて企業経営の収益性をどのように分析するかについて説明してきました。

　本章では，財務諸表の数値を用いますが，企業外部に公表されていない数値によって企業経営の収益性を分析する方法を説明します。つまり，企業経営者の視点からの分析です。

　なお，企業外部に公表されていない数値を入手することはできませんので，ここでは，開示された財務諸表の数値をもとに検討します。

## 1 ■損益分岐点分析の意義

　損益分岐点分析は，Cost-Volume-Profit Analysis なので，頭文字をとってCVP 分析と呼ばれます。

　損益分岐点分析に用いる財務比率の損益分岐点比率は，次式によって算出されます。

> 損益分岐点比率（％）＝損益分岐点の売上高÷実際の売上高×100％

　損益分岐点というのは，売上高と費用（＝変動費＋固定費）とが等しくなり，利益にも損失にもならない点のことです。たとえば，損益分岐点の売上高が100億円であったとすると，実際の売上高が120億円の場合，差額の20億円は利益を意味します。

　したがって，100億円を超えれば，売上高が大きくなればなるほど売上高の増加分がそのまま利益となります。逆に，実際の売上高が80億円の場合，差額の20億円は損失を意味します。

　このように，損益分岐点はその金額が小さければ小さいほど，事業活動によって利益が生み出される金額が大きくなります。この関係を表すのが，損益

分岐点比率です。

　したがって，損益分岐点比率が小さいほど利益を生み出す能力が大きい（利益の余裕がある）ことを意味しています。

　また，このことは，損益分岐点比率の大小によって，事業活動の利益稼得能力が判定されますから，この比率が高い企業は，利益が上がらず，倒産にいたる可能性が相対的に高いということができます。

## 2■損益分岐点分析の計算

　上記の算式の「損益分岐点の売上高」の計算に用いる数値データは，変動費と固定費です。

　**変動費**は，企業の生産量・販売量など，操業度の変化に比例して増減する費用です。具体的には，原材料費，出来高払賃金，工場電力料，販売手数料などです。操業度の変化は売上高の変化に反映されます。

　なお，操業度が変化すればいくら変動費が増減するかの割合のことを**変動費率**といいます。

> 変動費率（％）＝変動費÷売上高×100％

　これに対して，**固定費**は，操業度に関係なく，毎期一定額ずつ発生する費用です。具体的には，人件費，減価償却費，不動産賃貸料，保険料，固定資産税などです。

　損益分岐点の売上高は，そのときの変動費と固定費との合計に一致しますから，

> 損益分岐点の売上高＝変動費＋固定費
> 　　　　　　　　　＝損益分岐点の売上高×変動費率＋固定費

と表すことができます。これをつぎのように変形します。

　　　損益分岐点の売上高－損益分岐点の売上高×変動費率＝固定費
　　　　　　　（1－変動費率）×損益分岐点の売上高＝固定費

> 損益分岐点の売上高＝固定費÷（1－変動費率）

このように変形すると，損益分岐点の売上高は，固定費を「1－変動費率」で割り算すれば求められます。

なお，「1－変動費率」は**限界利益率**と呼ばれています。

たとえば，固定費が100億円で，売上高が10億円増えれば変動費が6億円増える（つまり，変動比率＝6÷10＝0.6）企業の場合，その損益分岐点の売上高は，次式で求めると250億円です。

損益分岐点の売上高＝固定費（100）÷（1－変動費率（0.6））
$$=250$$

この企業のある会計期間の売上高が350億円だったとしますと，損益分岐点比率は，次式で求められ，71.4％です。

損益分岐点比率
＝損益分岐点の売上高（250）÷実際の売上高（350）×100％
$$=71.4\%$$

もし現在の売上高が減少したとしても100億円までの減少（28.6％の減少）であれば利益は確保できることを意味しています。

**図表10-1**は，損益分岐点比率の大きさと企業経営の収益性・安全性との関係を示しています。上記の企業は，損益分岐点比率が71.4％ですから，大学の成績にたとえるなら「優」と判断できます。

**図表10-1** 損益分岐点比率と収益性・安全性の目安

| 損益分岐点比率 | 収益性・安全性 |
|---|---|
| 70％以下 | 秀 |
| 70％超80％以下 | 優 |
| 80％超90％以下 | 良 |
| 90％超100％以下 | 可 |
| 100％超 | 不可 |

## 3■損益分岐点の売上高のグラフでの求め方

　上記では，計算式で損益分岐点の売上高を求めましたが，ここでは，グラフ
を使って，求めてみましょう。この方が視覚的にわかりやすいでしょう。
　使用するグラフが**図表10-2**です。
　さて，このグラフ用紙を使って，損益分岐点の売上高を求めましょう。その
手順は，つぎのとおりです。
　なお，グラフの縦軸(y)は費用，横軸(x)は売上高を示しています。固定費
が100億円で，売上高が10億円増えれば変動費が6億円増える（変動比率0.6）

**図表10-2**　損益分岐点の売上高のグラフ用紙

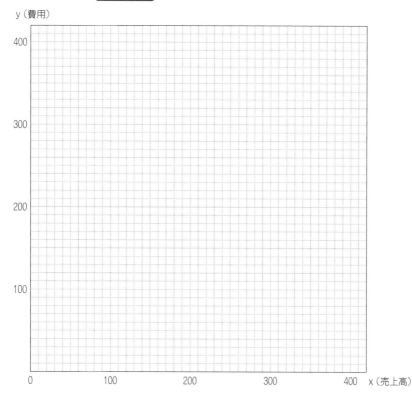

企業の損益分岐点の売上高についてつぎの式をグラフに書いて求めます。

売上高線：y = x ………………………………………①式

固定費線：y = 100 ……………………………………②式

変動費線：y = (6 ÷ 10) x = 0.6x ………………………③式

総費用線：y = 100 + (6 ÷ 10) x = 100 + 0.6x ……④式

損益分岐点の売上高：①式と④式がグラフ上の交わった点（正式には①式と④式の連立方程式を解く）

**図表10- 3** はこれらの式を記入したグラフです。

図表中，スクリーン部分の中心が，売上高線と総費用線とが交わる点，すなわち，売上高と費用とが等しくなる点（250億円）です。

**図表10- 3**　4つの式を記入後の損益分岐点の売上高のグラフ

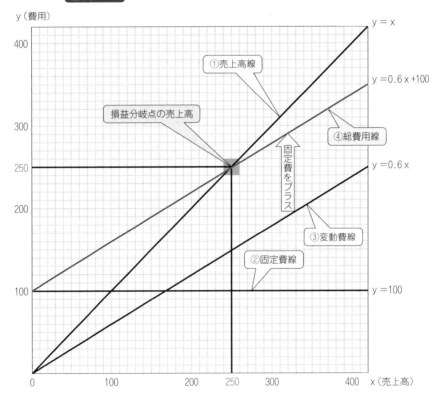

この企業の損益分岐点比率は, 実際の売上高が330億円であれば, 75.76%です。

## 4■損益分岐点分析からわかること

損益分岐点分析からわかることは, つぎの諸点です。
- 売上高が少なくともどのぐらいなければ利益が出ないのか
  ⇒ 売上高の最低水準
- 変動費と固定費の割合が変化したとすれば, 売上高と費用がどのぐらいであれば利益が出るのか
  ⇒ 変動費・固定費の影響度
- 売上高が変化しないとすれば, 変動費または固定費がどのぐらいになれば利益が出るのか
  ⇒ 費用削減の規模
- 現在の売上高は, 利益を出せる売上高とどのぐらい離れているか（減少したとしても利益が出る余裕はどれほどあるか)
  ⇒ 売上高の余裕度

## 5■損益分岐点分析で注意すべきこと（営業レバレッジ)

損益分岐点分析において注意すべきことがあります。
損益分岐点比率は小さいほど好ましいのでした。
いま, **図表10- 4** で示したように, 売上高が400億円から１割減少すると予測されるケース（A）と売上高が200億円から１割減少すると予測されるケース（B）を考えてみましょう。両ケースとも固定費は同額（60億円), 変動費率も同率（65%）であるとします。
次式の計算により, 両ケースともに損益分岐点の売上高は171.43億円です。

損益分岐点の売上高を x とすると,
$$x = 60 + 0.65x$$
$$x = 60 \div 0.35 = 171.43$$

### 図表10-4　営業レバレッジの設例

（単位：億円）

| | | 売上高 | 売上高増減率 | 固定費 | 変動費率 | 変動費 | 利益 | 利益増減率 |
|---|---|---|---|---|---|---|---|---|
| ケースA | 現在 | 400 | | 60 | 0.65 | 260 | 80 | |
| | 予測 | 360 | −10% | 60 | 0.65 | 234 | 66 | −18% |
| ケースB | 現在 | 200 | | 60 | 0.65 | 130 | 10 | |
| | 予測 | 180 | −10% | 60 | 0.65 | 117 | 3 | −70% |

　そうすると，損益分岐点比率は，つぎのとおりとなります。

　●損益分岐点比率（ケースA）＝ 171.43 ÷ 400 ＝ 42.86%

　●損益分岐点比率（ケースB）＝ 171.43 ÷ 200 ＝ 85.72%

　両ケースを比べると，いずれも売上高の減少率は10%で等しいにもかかわらず，利益の増減率でみると，売上高の10%の減少が，ケースAの場合，利益の18%の減少につながるのに対して，ケースBの場合は，利益の70%の減少となっています。これは，ケースAの約4倍の悪化です。

　このように，損益分岐点比率が100%に近い（ケースBは85.72%）ほど，それだけ売上高の僅かな減少が利益を激減させるのです。

　この効果は営業レバレッジと呼ばれています。つまり，損益分岐点比率が100%に近い企業ほど，**売上高の減少は致命的な影響をもたらす可能性**を示唆しているのです。

　このような意味において，損益分岐点比率の大きさは，企業の収益性のみならず，安全性を判断するうえでも大切な指標です。

　営業活動の成否は売上高となって現れ，さらに，それは損益分岐点比率しだいで利益の余裕が左右されるのです。

　企業経営者が損益分岐点比率を重視するのはこのためです。

# 第11章 成長性分析：増加率

　企業経営の成長性とは何でしょうか。

　従業員数が毎年多くなっている企業，テレビでのコマーシャルに頻繁に登場するようになってきた企業など，みなさんがこの企業は成長しているなと感じることはさまざまでしょう。

　本章では，企業経営の成長性を分析するための財務指標を考えます。

## 1 ■成長性の財務指標

　企業経営の成長性を分析するためにつぎの4つの成長性をみましょう。
- ●資産
- ●純資産
- ●売上高
- ●利益

　成長性は，収益性のつぎに大切です。

　たとえば，「規模の経済」という言葉があります。企業の規模が大きくなっているかどうかは，実は重要な意味があります。規模が大きくなると経済全体に影響を与えるということです。

　ある製品の売上が毎年，前年の50％増しで増加している企業があるとしましょう。5年前に10億円の売上高が，翌年には50％増しの15億円（＝10億円＋10億円×0.5），2年後は22.5億円，3年後は33.8億円，4年後は50.6億円，5年後の今年度は76億円となったわけです。わずか5年間で7.6倍もの増加です。

　この結果，この製品の**市場占有率**（シェア）が25％（市場全体のこの種類の製品の販売額全体は40億円と仮定した場合，10億円÷40億円＝0.25）から63.3％（市場全体は120億円で5年前の3倍に増加した場合，76億円÷120億円＝0.633）となったとすると，この企業は，この製品に対する販売価格を決定

する力を持つことができます。

つまり，規模が大きくなると価格決定権を持つことができます。

なお，成長率が20％であるという場合，1年前の値を100とすると，現在は，120に増加したということになります。100から120に増加したので，20％の増加ですが，120％の増加ではありませんので注意しましょう。

#### (1)　資産増加率

資産増加率は，次式で計算します。

> 資産増加率（％）＝資産総額の差額÷基準年度の資産総額×100％

資産総額の差額は，比較したい年度の資産合計から基準年度の資産合計を引いて求められます。

基準年度というのは，比較の元になる年度のことです。

たとえば，今年度の資産総額（250億円）が5年前の資産総額（225億円）に比べてどの程度増加しているかを考えましょう。

比較したい年度は今年度，基準年度は5年前の年度です。

この場合の資産増加率は，つぎのように求められます。

$$資産増加率 = (250 - 225) \div 225 \times 100\% = 11.1\%$$

つまり，今年度の資産総額は，5年前に比べて11.1％増加したということになります。

#### (2)　自己資本増加率

自己資本増加率は，次式で求めます。

> 自己資本増加率（％）＝自己資本の差額
> 　　　　　　　　　　÷基準年度の自己資本×100％

たとえば，ある企業の自己資本増加率が昨年度に比較してマイナス5％であるとしますと，1年前の自己資本が100億円であった場合，現在は，95億円に減少したということになります。

### (3)　売上高増加率

売上高増加率は，次式で求めます。

> 売上高増加率（％）＝売上高の差額÷基準年度の売上高×100％

　たとえば，今年度の売上高増加率が30％と計算されたとしますと，1年前の売上高が200億円であった場合，今年度は260億円に増加したということになります。

### (4)　利益増加率

利益増加率は，次式で求めます。

> 利益増加率（％）＝利益の差額÷基準年度の利益×100％

　たとえば，今年度の経常利益増加率が10％と計算されたとしますと，1年前の経常利益が500億円であった場合，今年度は550億円に増加したということになります。

　以上のように，企業経営の成長性を資産，自己資本，売上高および利益の増加率（成長率）でみてきました。

　成長率の計算は単純です。成長率の計算結果そのものも大切ですが，それ以上に，つぎの2点を分析することも大切です。

　●成長の健全性
　●将来の成長性（売上高の予測）

　成長の健全性は本章で検討し，将来の成長性（売上高の予測）については第12章で解説します。

## 2■成長の健全性分析

　企業が成長する場合，バランスよく成長する必要があります。

　売上を伸ばし，企業の規模が大きくなることは良いことだと考えて，工場を新たに建設し，従業員も新規に採用した結果，ある程度の売上高の増加が実現できたとしても，企業を取り巻く経済環境（為替相場，製品・商品の市場動向

（売れ筋・価格），経済全体の景気観など）が変われば，工場新設による企業経営のバランスが崩れ，成長するどころか，赤字に苦しむことになりかねません。

　そこで，過去の財務諸表のデータなどを利用して，**成長の健全性**を確かめておくことが大切です。


### (1)　カネ・モノ・ヒトの成長バランス

　まず，つぎの4つの項目の増加・減少のバランスをみてみましょう。このバランス具合が，企業の成長（増加している場合）や規模縮小（減少している場合）の健全さを示しています。

　　　●売上高
　　　●経常利益
　　　●総資産（資産合計，負債・純資産合計＝総資本）
　　　●従業員数

　売上高と経常利益は損益計算書のデータを用います。これはカネの側面です。

　総資産は財務諸表のデータを用います。これはモノの側面です。

　従業員数は有価証券報告書に掲載されたデータを用います。これは，文字通り，ヒトの側面です。

　これらのように，上記4項目を比較してみることは，企業経営の要素，つまりカネ，モノ，ヒトの3要素がバランスよく成長（増加）しているかどうかを確かめることにつながります。

　これらの4項目の数値を用いて，成長性を分析しますが，**図表11-1**に示した**成長性比較グラフ**を作成して検討しましょう。

　このグラフの縦軸には，カネの側面として損益計算書のデータを記載します。売上高と経常利益について，基準年度の数値を100として，比較したい年度の数値がいくらに変化するかを縦軸に表記します。

　この場合，「比較したい年度のデータ÷基準年度のデータ×100」で計算するとすぐに求めることができます。

　また，横軸の左側には，モノの側面として貸借対照表のデータを記載します。基準年度の総資産（資産合計のこと）を100として，比較したい年度の数値を記入します。なお，総資産をグラフの左側に記載していますが，マイナスを意

**図表11-1**　成長性比較グラフ

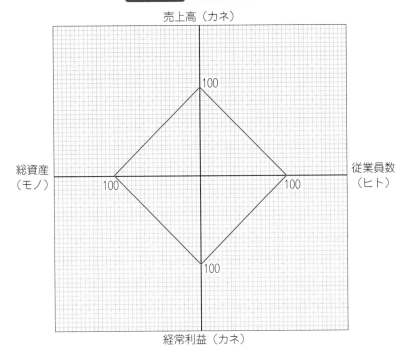

味しているわけではありません。縦軸も横軸も中心がゼロで，どの方向もプラスです。

　さらに，ヒトの側面として，横軸の右側には，従業員数を記載します。基準年度の従業員数を100として，比較したい年度の数値を記載します。

　**図表11-2**と**図表11-3**は，ある企業2社の3年間の比較をした結果です。いずれも，基準年度が赤色の実線の菱形，3年後が点線の菱形，6年後が太線の菱形です。

　**図表11-2**の菱形は，基準年度に比較して，3年後，6年後と経過すると縦長の菱形になっています。これは，横軸のモノやヒトの増加率よりもカネの増加率の方がより大きいことを表しています。

　企業経営では，より少ないモノ・ヒトでより多くのカネ（利益）を得ることが望ましいので，この企業の成長はバランスのとれた優れた成長であるとみる

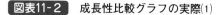

図表11-2　成長性比較グラフの実際⑴

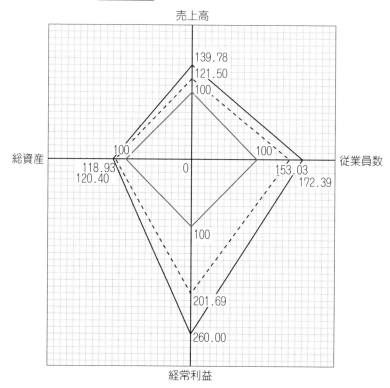

ことができます。

　これに対して，**図表11-3**の菱形は，基準年度に比較して，3年後や6年後は横長の菱形になっています。

　これは，縦軸のカネの増加率よりも横軸のモノやヒトの増加率の方がより大きいことを表しており，**図表11-2**の場合の逆です。

　このような企業のバランスは優れているとはいえません。モノやヒトが増えて，一見すると成長しているように見えますが，売上高や経常利益はそれらの増加に見合うほど増加してはいないのです。

　以上のように，成長性比較グラフは，縦長に変化している場合は成長のバランスが良いことを，横長に変化している場合は成長のバランスが好ましくない

**図表11-3**　成長性比較グラフの実際(2)

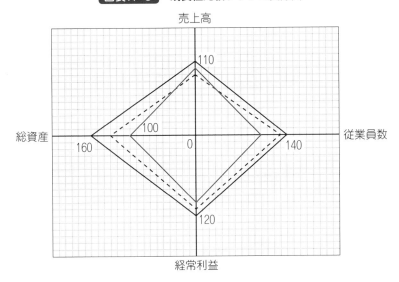

ことをそれぞれ示しています。

## ⑵　売上高の成長の健全性

つぎに，売上高の成長の健全性をみましょう。

売上高の増加は望ましいわけですが，関連する財務諸表項目との関係もチェックしておくことが必要です。

このチェックのため，つぎの4項目を比較します。

　　●売上高
　　●売上総利益
　　●売上債権（売掛金・受取手形）
　　●商品・製品の在庫

売上高と売上総利益が縦軸，売上債権と商品・製品の在庫が横軸です。

成長性比較グラフを作成して，売上高や売上総利益の増加率以上に売上債権や商品・製品の在庫数値が増加していないかどうかを確認します。

ある企業の上記4項目による成長性比較グラフを示したものが**図表11-4**です。

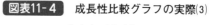

**図表11-4**　成長性比較グラフの実際(3)

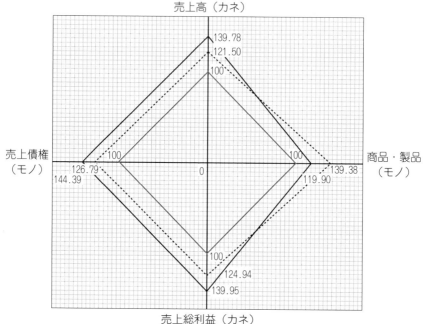

売上高（カネ）

139.78
121.50
100

売上債権　　　100　　　　　　　　　　100　　　商品・製品
（モノ）　126.79　　　　　　0　　　　139.38　（モノ）
144.39　　　　　　　　　　119.90

100
124.94
139.95

売上総利益（カネ）

　**図表11-4**の菱形は，基準年度に比較して，3年後，6年後と経過すると横長の菱形になっています。

　これは，売上高や売上総利益の増加率以上に，売上債権や商品・製品の在庫が増加していることを示しています。営業循環期間が6年の間に悪化していることになります。

　ただし，6年後の商品・製品の在庫は3年後に比較して減少しており，改善が見られます。

　なお，上記では，基準年度の数値を3年後，6年後の数値と比較しましたが，3年ごとに比較しなければならないということではありません。毎年あるいは5年ごとなどの比較でもかまいません。

## 3■成長性比較グラフからわかること

　成長性比較グラフからわかることをまとめると，つぎの諸点を指摘できます。
　　●カネ（損益項目）とモノ（資産）・ヒト（従業員）との間の関係
　　●売上高と関連する財務項目（売上債権・商製品の在庫）との間の関係
　　●成長性比較グラフでは，基準年度の菱形が比較年度には縦長の菱形にな
　　　るのが望ましく，横長になった菱形は望ましくないこと
　縦長の菱形が今後も継続するかどうか，また，横長の菱形をどのように縦長
の菱形に変化させるのか，企業経営者が力を注ぐ点です。また，投資者にとっ
てもこれらは大いに関心がもたれるところです。

## 4■成長性の評価

　以上の成長性の分析結果から，成長性の評価は，つぎのようにまとめること
ができます。
　①増加率の分析結果の評価
　　・売上高（営業収益）増加率は○○％であり，２期比較で増加（減少）し
　　　ている。また，利益増加率について，営業利益は○○％の増加（減少），
　　　経常利益は○○％の増加（減少）となっている。これらから，売上高を
　　　増加させ，利益も増加させることに成功している（しているとはいえな
　　　い）。
　　・総資産増加率は○○％であり，２期比較で増加（減少）している。また，
　　　純資産は，○○％増加（減少）している。これらから，事業活動に使用
　　　しているモノは増加（減少）しており，売上高（営業収益）の増加率に
　　　比べてより大きな増加率となっており望ましくない（に比べてより小さ
　　　な増加率・減少しており望ましい）。
　②成長の健全性の分析結果の評価
　　・４期前を100として２期前と当期を比較した成長性比較グラフのとおり，
　　　４期前の菱形が

　　パターンA：2期前，当期と縦長の菱形に変化しており，より少ない
　　　モノやヒトでより多くのカネが得られるようになっており望ましい。
　　パターンB：2期前，当期と横長の菱形に変化しており，より少ないモ
　　　ノやヒトでより多くのカネが得られているとは言えず，望ましくない。
　　パターンC：モノとカネの比較では，2期前，当期と年々望ましい形に
　　　なっているが，ヒトとカネとの比較では，年々悪化しており，問題で
　　　ある。
・また，モノ（売上債権・棚卸資産）とカネ（売上高・売上総利益）とに
　よる成長性比較グラフの結果では，両者がバランスよく成長しているこ
　とを表しており望ましい（両者がバランスよく成長しているとはいえず
　問題である）。

# 第12章 成長性分析：売上予測

本章では，次期の売上高の予測について検討します。

企業経営にとって，売上高（または営業収益）を増加させることは最優先の課題です。企業を持続的に発展させるためにも，売上高を伸ばすことはとても大切です。

逆に，売上高が減少すると見込まれる場合，企業のモノおよびヒトもそれにあわせて整理していかなければなりません。売上高が減るとすれば，モノやヒトも減らさなければ，経費ばかりがかさみ，大幅な赤字となり，それが続けば倒産してしまうおそれさえ出てきます。

将来の売上高がいくらになりそうかがわかれば，企業経営にとても役立ちます。

それでは，どのように将来の売上高を予測することができるでしょうか。

確実な方法はありません。将来のことを予測するため，完全な予測は不可能です。

しかし，過去の経験値から将来を予測することはできます。経済情勢が大幅に変化しないかぎり，過去の経験値を用いて合理的に予測を行うことには意味があります。

そこで，本章では，つぎの2つの予測方法について解説します。

- ●最小二乗法による売上高予測
- ●移動平均法による売上高予測

## 1 ■最小二乗法による売上高予測

いま図表12-1のような売上高の数値データの企業を考えましょう。

### 図表12-1 過去10年間の売上高データ

| 年度（x） | 売上高（y） |
|---|---|
| 1 | 198,527 |
| 2 | 179,543 |
| 3 | 202,292 |
| 4 | 219,657 |
| 5 | 187,000 |
| 6 | 244,968 |
| 7 | 282,422 |
| 8 | 294,626 |
| 9 | 289,808 |
| 10 | 279,358 |

（注）　売上高の単位は百万円。

このデータをグラフで表示すると**図表12-2**のようになります。

### 図表12-2 過去10年間の売上高グラフ

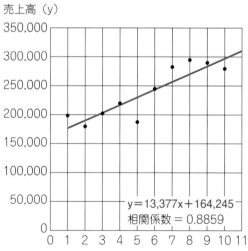

売上高（y）

$y=13,377x+164,245$
相関係数＝0.8859

※縦軸は売上高（百万円），横軸は年度，赤色の直線
　は回帰線

　最小二乗法は，10個の点の売上高との差を二乗した数値の合計が最小になるような直線（回帰線）を引く方法です。もし，そのような直線がわかれば，11年目の売上高が予測できます。図表ではすでに回帰線を表示しています。

　10個の点と直線との売上高の差を二乗するのは，差がプラスの場合とマイナスの場合があるので，これを二乗すればすべてプラスの数値にできるからです。

　最小二乗法によって回帰線「y＝a＋bx」を求めましょう。

　最初に**図表12-3**のように，年度（x）と売上高（y）のデータから xy や $x^2$のデータを計算しておきます。

　つぎに連立方程式（①式と②式）を解きます。

　①式：$\sum y = n \cdot a + b\sum x$
　②式：$\sum xy = a\sum x + b\sum x^2$

　これらの式から，a と b の値を求めれば，回帰線の「y＝a＋bx」が求めら

**図表12-3**　最小二乗法による売上高予測のためのデータ

| 年度（x） | 売上高（y） | xy | $x^2$ | 年数（n） |
|---|---|---|---|---|
| 1 | 198,527 | 198,527 | 1 | |
| 2 | 179,543 | 359,086 | 4 | |
| 3 | 202,292 | 606,876 | 9 | |
| 4 | 219,657 | 878,628 | 16 | |
| 5 | 187,000 | 935,000 | 25 | |
| 6 | 244,968 | 1,469,808 | 36 | 10 |
| 7 | 282,422 | 1,976,954 | 49 | |
| 8 | 294,626 | 2,357,008 | 64 | |
| 9 | 289,808 | 2,608,272 | 81 | |
| 10 | 279,358 | 2,793,580 | 100 | |
| 合計（Σ） | $\sum x$<br>55 | $\sum y$<br>2,378,201 | $\sum xy$<br>14,183,739 | $\sum x^2$<br>385 | |

　※ $\sum$（シグマ）とは，すべてを合計するということである。たとえば$\sum x$は，xの値をすべて合計することを意味している。

れます。

　そこで，これらの式に，**図表12-3**の数値を代入すると，つぎのようになります。

　　　　①式　　　2,378,201 = 10a + 55b
　　　　②式　　　14,183,739 = 55a + 385b

「①式×7 －②式」を計算します。

$$16,647,407 = 70a + 385b$$
$$-)\ \underline{14,183,739 = 55a + 385b}$$
$$2,463,668 = 15a$$
$$a = 164,245$$

　a の値を①式に代入すると

$$2,378,201 = 10 \times 164,245 + 55b$$
$$55b = 735,751$$
$$b = 13,377$$

　よって，年度と売上高の回帰線（y＝a＋bx＝bx＋a）は，

$$y = 13,377x + 164,245$$

となります。

　次年度の売上高の予測値は，次年度が「x＝11」ですから，これを上式に代入すればつぎのように求められます。

$$y = 13,377 \times 11 + 164,245$$
$$= 311,392（百万円）$$

　このように計算できた次年度の売上高の金額は，過去10年間の売上高の推移から推定したものです。売上高はこの金額になる可能性が合理的に高いということを意味しています。

　少し難しかったかもしれませんが，以上に示した方法は，将来のいろいろな

予測を行う場合にも使えますから，各自で実際に計算してみてください。

## 2■移動平均法による売上高予測

ここでは，移動平均法と呼ばれる方法で売上高を予測してみましょう。

**図表12-4**は，3年間移動平均法による売上高予測のためのデータを示しています。

**図表12-4**の過去10年間の売上高のデータは**図表12-1**と同じです。

3年間の移動平均とは，過去3年間の売上高の平均が翌年度の売上高となると予測し，これをつぎの3年間にも同じように繰り返しますので，3年間で移動しながら平均をとるということになります。

たとえば，第4年度の売上高の予測値は，その前の3年間（第1～第3年度）

**図表12-4** 3年間移動平均法による売上高予測のためのデータ

（単位：円）

| 年度<br>(x) | 実際売上高<br>(y) | 予測<br>売上高 | 誤差<br>（予測－実際） | 誤差率<br>（%） | 修正予測<br>売上高 |
|---|---|---|---|---|---|
| 1 | 198,527 | | | | |
| 2 | 179,543 | | | | |
| 3 | 202,292 | | | | |
| 4 | 219,657 | 193,454 | −26,203 | −13.54% | 215,332 |
| 5 | 187,000 | 200,497 | 13,497 | 6.73% | 223,172 |
| 6 | 244,968 | 202,983 | −41,985 | −20.68% | 225,938 |
| 7 | 282,422 | 217,208 | −65,214 | −30.02% | 241,772 |
| 8 | 294,626 | 238,130 | −56,496 | −23.72% | 265,060 |
| 9 | 289,808 | 274,005 | −15,803 | −5.77% | 304,993 |
| 10 | 279,358 | 288,952 | 9,594 | 3.32% | 321,630 |
| 次年度予測 | 256,834 | 287,931 | −26,087 | −10.16% | 320,493 |

7年間平均の誤差率による修正

↑7年間の平均売上高　↑7年間の平均誤差　↑7年間平均の誤差率　↑ $=287,931 \div (1-0.1016)$

の実際の売上高の平均となり，第5年度の予測値は，第2～第4年度の実際の
売上高の平均となるというように考えます。

　つぎに，このようにして計算した予測売上高と実際の売上高との差額を計算
します。この差額が予測売上高の何%になるかを計算したものが「誤差率」で
す。

　誤差率の7年間の平均を求め（図表では−10.16%），第8～第10年度の3年
間の平均によって求めた次年度の予測売上高（287,931百万円）を平均誤差率分
（−10.16%。平均して10.16%小さく予測されていることを意味しています）だけ修
正します。それが，図表右端の数値（320,493）です。

　このようにして，次年度の売上高の予測金額は320,493百万円と計算されまし
た。

　最小二乗法による予測金額が311,392百万円でしたから，いずれも売上高が増
加するという予測結果になっています。

# 3■売上高予測の結果と経営上の課題

　次期以降の売上高が予測できたら何を考慮すべきでしょうか。

　現在の売上高より増加する場合もあれば減少する場合もあります。

　いずれの場合にも，つぎの事項などを検討しておく必要があるでしょう。

　　●人材の確保・整理
　　●原材料・部品・商製品の供給・購買体制
　　●完成製品・購入商品の保管・配送体制
　　●上記項目にかかる資金の調達

　また，過年度に立てた経営目標を達成できない予測となった場合には，経営
戦略や事業戦略を見直し，経営計画を改めて策定し直す必要があります。

# 第13章 安全性分析

企業経営の分析の第三の視点は，企業が**倒産**しないかどうか，**支払い不能**に陥らないかどうかなど，**安全性**の視点です。

安全性の分析が必要なのは，利害関係者にとって，つぎのような利害が重要だからです。

- ●投資した，または貸し付けた資金が全額返済されるかどうか
- ●資金提供による見返りである配当金や利息が確実に支払われるかどうか

これらの利害が守られるためには，つぎの事項に関する情報が必要です。

- ●企業が**十分なリターン**（**利益**）を上げているか
- ●企業が**黒字倒産**などすることなく，事業活動を継続していくことができるか
- ●企業がどの程度の**債務**を負っており，かつ債務を返済する原資として**資産**をどの程度十分に保有しているか
- ●営業活動から**十分なキャッシュ・フロー**が得られており，キャッシュの使途が賢明か

安全性の分析は，伝統的には貸借対照表のデータを用いた静的な分析が行われています。本書では，これに加えて，損益計算書やキャッシュ・フロー計算書のデータを用いた動的な分析についても検討します。

## 1 ■貸借対照表による安全性分析

貸借対照表データを用いた安全性分析には，

- ●短期的な分析
- ●長期的な分析

の2つがあります。

会計学では，1年以内を「短期」，1年超を「長期」としています。経営学

では1～2年を短期，3～5年を中期，5年を超えると長期とするのが一般的
なようです。


### (1)　短期的な安全性の分析

　貸借対照表データを用いた短期的な安全性分析の代表は，流動比率による分
析です。

　流動比率は，次式で求められます。

> 流動比率（％）＝流動資産÷流動負債×100％

　流動比率は，企業が決算日後1年以内に返済することが必要な流動負債に対
して，その返済資金の出所となる，流動資産がどの程度あるかを示しています。

　流動比率が200％以上の場合，安全とされてきましたが，流動資産は，設備
投資や金融投資（株式投資）の原資ですから，投資に用いられるのが一般的な
ため，収益性に問題がなければ，140～150％以上あれば安全といってよいで
しょう。

　なぜなら，企業が将来に成長するためには，投資が必要で，流動資産として
貯めこんでいても将来への成長にはつながらないからです。

　企業経営には適度な流動比率が望まれるわけです。

　さて，流動比率をさらに厳密にし，即座に返済できる能力を判定しようとい
うのが，当座比率です。

　当座比率は，次式で求められます。流動比率の算式で，流動資産に代えて当
座資産（現金・預金，売上債権（売掛金と受取手形），有価証券）を用います。

> 当座比率（％）＝当座資産÷流動負債×100％

　当座比率は，1年以内に返済すべき流動負債をまかなうのに，おおむね3カ
月以内にキャッシュに換わる当座資産がどれほどの割合になっているかを表し
ています。

　当座比率は100％以上が望ましいといわれてきましたが，流動比率と同様，
当座資産の投資への利用も大切ですから，収益性に問題がなければ，60％程度
以上であれば安全であるということができます。

| | 流動比率（%） | | | | | 当座比率（%） | | | | |
|---|---|---|---|---|---|---|---|---|---|---|
| 年度 | 2016 | 2017 | 2018 | 2019 | 2020 | 2016 | 2017 | 2018 | 2019 | 2020 |
| 全産業<br>（金融・保険除く） | 143.20 | 142.26 | 144.53 | 142.74 | 149.12 | 89.57 | 88.88 | 89.20 | 86.64 | 91.42 |
| 製造業 | 148.65 | 149.85 | 148.02 | 146.74 | 150.82 | 93.74 | 94.36 | 95.40 | 95.71 | 95.96 |
| 卸・小売業 | 140.46 | 137.74 | 131.81 | 132.73 | 141.61 | 88.23 | 92.15 | 94.19 | 92.53 | 84.82 |

## (2) 長期的な安全性の分析

貸借対照表データを用いた長期的な安全性の分析に利用する財務比率には，

- ●負債比率
- ●自己資本比率
- ●D/E レシオ（デット・エクイティ・レシオ）
- ●固定比率
- ●固定長期適合率

の5種類があります。

最初の3種類は，負債と純資産，つまり，貸借対照表の貸方のデータを用います。残りの2種類は，資産と純資産または固定負債との比較を行いますから，貸借対照表の借方と貸方の両方のデータを用います。

**負債比率**は，次式で求められます。

> 負債比率（%）＝他人資本÷自己資本×100%
> ＝負債合計÷（純資産合計−新株予約権）×100%

負債比率は，事業活動資金の調達源泉を表す他人資本と自己資本との比率です。他人資本（負債）を返済できるだけの自己資本があるかどうかを示しています。

負債比率は100%以下が健全といわれています。小さければ小さいほど安全性は高いといえます。自己資本は返済義務がない事業活動資金の調達源泉を示しているからです。

これに関連して，負債比率の算式のうち，「負債」を「有利子負債」（長短期

借入金や社債等）に限定した指標を**D/Eレシオ**（デット・エクイティ・レシオ）
と呼び，**財務の安全性**の指標として重視されています。これは，有利子負債
（D）と自己資本（E）との関係を示す比率ですから，資金の調達源泉の望まし
さを示しています。

　つまり，D/Eレシオは，次式で求められます。

> D/Eレシオ（％）＝有利子負債÷自己資本×100％
> 　　　　　　　＝（長期借入金＋短期借入金＋社債）
> 　　　　　　　÷（純資産合計－新株予約権）×100％

　この値が1（百分率で言えば100％）の場合，両者の金額が等しいわけです。
1を超えていれば（100％超），有利子負債＞自己資本ですし，1より小さけれ
ば（100％未満），有利子負債＜自己資本です。1より小さい方が望ましい。

　**自己資本比率**は，次式で求められます。

> 自己資本比率（％）＝自己資本÷使用総資本×100％

　自己資本比率は，企業が事業活動に使用している資金総額（すなわち，使用
総資本）に対する，返済義務のない資金（すなわち，自己資本）の割合です。

　自己資本比率は100％に近いほど安全性が高く，逆に0％に近いほど安全性
は低いといえます。

　通常，自己資本比率は50％以上が安全性上望ましいとされています。

　上記の自己資本比率は，貸借対照表の金額をベースとした財務比率です。こ
れに対して，自己資本の時価を考慮した，**時価ベースの自己資本比率**は，より
実質的な安全性の指標です。

　この財務比率は，次式で計算されます。

> 時価ベースの自己資本比率（％）＝株式時価総額÷総資産×100％

　株式時価総額は，決算日の株式の時価の終値に発行済株式総数をかけて求め
ます。

　株式の時価の終値は，有価証券報告書の「第4　提出会社の状況」の「1　株
式等の状況」において開示されています。また，発行済株式総数は，「第1　企

業の概況」の「1 主要な経営指標等の推移」の表に記載されています。

　株式時価総額は，証券市場がその企業の価値をどのようにみているかを示し ていますから，総資産との比較により，時価ベースの自己資本比率が100％を 超えていることが望ましいといえます。

　**固定比率**は，固定資産と返済義務のない自己資本との割合を求め，固定資産 が返済義務のない資金でまかなわれているかどうかを確認する財務比率です。

　固定比率は，次式で求められます。

> 固定比率（％）＝固定資産÷自己資本×100％

　固定比率は100％以下が健全であり，小さいほど安全であることを意味して います。

　逆に，固定比率が100％を超えている場合，固定資産は自己資本だけでは不 足で，負債の資金も利用して取得されていることになります。

　この場合，負債は返済しなければなりませんから，流動資産が負債よりも少 なければ，固定資産の一部を売却しなければ返済できなくなるおそれがありま す。この意味で，固定比率は，安全性を考えるうえで必要な財務比率です。

　固定比率によく似た財務比率に**固定長期適合率**があります。

　これは，長期にわたって借り入れており，1年以内に返済する義務のない固 定負債と返済義務のない自己資本との合計に対する固定資産の割合を表してい ます。

　つまり，長期的な（設備）投資（固定資産）は，長期的資金（自己資本や固 定負債）でまかないなさいということになります。

　固定長期適合率は，次式で求められます。

> 固定長期適合率（％）＝固定資産÷（固定負債＋自己資本）×100％
> 　　　　　　　　　　＝固定資産÷（固定負債＋純資産合計
> 　　　　　　　　　　　－新株予約権）×100％

　固定長期適合率は100％以下が健全です。

| | 負債比率（%） | | | | | D/Eレシオ（%） | | | | |
|---|---|---|---|---|---|---|---|---|---|---|
| 年度 | 2016 | 2017 | 2018 | 2019 | 2020 | 2016 | 2017 | 2018 | 2019 | 2020 |
| 全産業<br>（金融・保険除く） | 146.32 | 139.80 | 138.00 | 137.53 | 145.78 | 56.23 | 52.07 | 52.47 | 53.89 | 61.01 |
| 製造業 | 109.75 | 105.52 | 100.25 | 103.93 | 104.66 | 105.52 | 100.25 | 103.93 | 104.66 | 35.37 |
| 卸・小売業 | 177.87 | 180.68 | 196.16 | 179.66 | 180.14 | 180.68 | 196.16 | 179.66 | 180.14 | 55.45 |

| | 自己資本比率（%） | | | | | 固定比率（%） | | | | |
|---|---|---|---|---|---|---|---|---|---|---|
| 年度 | 2016 | 2017 | 2018 | 2019 | 2020 | 2016 | 2017 | 2018 | 2019 | 2020 |
| 全産業<br>（金融・保険除く） | 40.60 | 41.70 | 42.02 | 42.10 | 40.69 | 137.25 | 134.14 | 134.67 | 136.71 | 138.88 |
| 製造業 | 47.68 | 48.66 | 49.94 | 49.04 | 48.86 | 48.66 | 49.94 | 49.04 | 48.86 | 112.10 |
| 卸・小売業 | 35.99 | 35.63 | 33.77 | 35.76 | 35.70 | 35.63 | 33.77 | 35.76 | 35.70 | 120.01 |

| | 固定長期適合率（%） | | | | |
|---|---|---|---|---|---|
| 年度 | 2016 | 2017 | 2018 | 2019 | 2020 |
| 全産業<br>（金融・保険除く） | 80.60 | 80.96 | 80.79 | 81.80 | 79.65 |
| 製造業 | 76.06 | 76.03 | 77.38 | 78.45 | 77.39 |
| 卸・小売業 | 71.08 | 71.35 | 73.61 | 74.46 | 70.71 |

## ⑶ 貸借対照表のデータによる安全性分析の限界

　貸借対照表のデータは，決算日時点での数値です。これを用いた静的な安全性分析は，債務返済能力を分析するものです。

　決算日時点のデータで分析すれば安全性はどうだったのかを示しているわけで，過去の状態に関する分析です。したがって，将来に向けて企業の安全性をみるうえでは十分とはいえません。

　この点に，貸借対照表のデータによる安全性分析の限界があります。

　そこで，つぎに，損益計算書やキャッシュ・フロー計算書のデータを用いた，動的な安全性分析により，将来の安全性を予測することにしましょう。

もう一歩進んだ理解のために（11）

### 正味運転資本

　短期的な安全性を判断する財務指標として流動比率を取り上げました。これは流動資産と流動負債を比較した割合です。

　流動資産から流動負債を引いた差額で，流動資産（総運転資本）が流動負債を超過する金額は「正味運転資本」と呼ばれています。

　これに対して，より厳密に，つぎの計算によって求められる金額を正味運転資本（運転資金）とする考え方があります。

> 正味運転資本（運転資金）
> ＝売上債権(受取手形や売掛金)＋棚卸資産－仕入債務(支払手形や買掛金)

　これは，営業活動に直接関連する資産項目と負債項目だけを取り上げ，その差額をもって十分な営業活動資金があるかどうかを確認し，資金繰りに困らないかどうかをみるものです。

　なお，売上債権や棚卸資産のなかに不良債権や不良在庫が含まれていないかどうかに注意する必要があります。正味運転資本がプラスの金額なので安心と考えたとしても，回収・販売できないものが含まれていれば，資金繰りに行き詰る可能性があるからです。


## 2 ■損益計算書による安全性分析

　損益計算書データを用いた安全性分析には，つぎの2つがあります。
- 事業活動の収益性の観点を加味した，事業活動そのものによる安全性の分析
- 損益分岐点による安全性の分析

### ⑴　事業活動の収益性の観点による安全性の分析

　事業活動の収益性の観点を加味した，事業活動そのものによる安全性の分析についてみてみましょう。

　この分析に用いる財務比率は，インタレスト・カバレッジ・レシオ（Interest

Coverage Ratio）です。これは次式で求めることができます。

> インタレスト・カバレッジ・レシオ（倍）
> ＝（営業利益＋受取利息＋受取配当金）*÷（支払利息＋社債利息）**

　　　＊有価証券利息を含める場合がある。
　　　＊＊手形割引料を含める場合がある。

　インタレスト・カバレッジ・レシオは，借入資金に対して支払うべき利息に対して，それに見合うだけの利益が通常の営業活動と財務投資活動によって十分に得られているかどうかを表しています。

　この値は10倍以上が理想的ですが，標準的には2〜3倍です。

　もし1倍以下ですと**財務的困難**な状態になっていることを意味しますから，この値が，少なくとも1倍を上回ることが大切です。


### (2)　損益分岐点による安全性の分析

　**損益分岐点分析**については，第10章ですでに説明しました。

　損益分岐点分析において算定される損益分岐点の売上高は，その金額が小さければ小さいほど，事業活動によって利益が生み出される可能性が大きくなります。つまり，損益分岐点比率が小さいほど利益を生み出す能力が大きいことになります。

　たとえば，**図表13-1**の2社を比較してみましょう。

　図表では，A社の当期の実際の売上高が300億円です。B社は400億円です。

　両社ともに，損益分岐点の売上高は，たまたま250億円で等しくなったとします。

　そうすると，両社の損益分岐点比率は，つぎのように求めることができます。

　　　A社の損益分岐点比率＝250÷300×100％＝83.3％
　　　B社の損益分岐点比率＝250÷400×100％＝62.5％

　第10章の**図表10-1**で示したように，収益性の観点で，A社は「良」，B社は「秀」です。

　これは，たとえば，両社ともに次年度の売上高が20％減少すると仮定した場

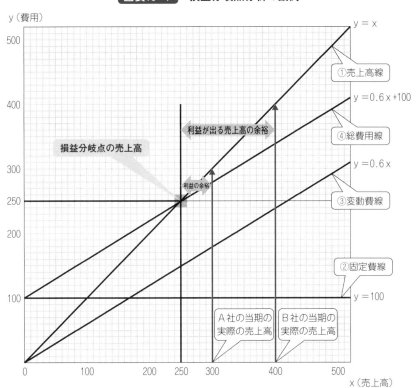

**図表13-1** 損益分岐点分析の設例

合を考えればすぐにわかります。

A社の売上高が20%減少すれば，次年度の売上高は，「300-300×20%＝240（億円）」となり，損益分岐点の売上高250億円を下回り，損失10億円となってしまいます。

これに対して，B社の場合，売上高が20%減少すれば，次年度の売上高は，「400-400×20%＝320（億円）」となり，損益分岐点の売上高250億円よりも70億円上回り，利益を計上できます。

**図表13-1**に示した赤色の両矢印の大きさをみれば一目瞭然です。

このように，損益分岐点比率の大小によって，事業活動の利益稼得能力を判定することができます。

　損益分岐点比率が高い企業は，将来的にみて利益が上がらず，倒産する可能性が相対的に高いといえるわけです。

# 3■キャッシュ・フロー計算書による安全性分析

　企業が倒産する場合，返済すべき負債を返済できなくなることから経営が破綻します。つまり，支払いに必要なキャッシュが不足するとこの事態が生じてしまいます。

　そこで，キャッシュ・フロー計算書データを用いて安全性の分析を行います。この分析には，つぎの2つがあります。

- ●キャッシュ・フロー計算書から得られる情報による分析
- ●フリー・キャッシュ・フローによる分析

## ⑴　キャッシュ・フロー計算書から得られる情報による分析

　キャッシュ・フロー計算書から得られる主な情報は，つぎの3種類のキャッシュ・フローの情報です。

- ●営業活動によるキャッシュ・フロー
- ●投資活動によるキャッシュ・フロー
- ●財務活動によるキャッシュ・フロー

　これらのうち，企業の安全性分析にとって重要なのは，営業活動によるキャッシュ・フローです。

　営業活動によるキャッシュ・フローが十分でなければ，安全性に問題があります。

　営業活動によるキャッシュ・フローは，企業の主たる事業活動（本業）から得られるキャッシュ・フローだからです。主たる事業活動でキャッシュが生成できていないとすれば，将来，支払いに必要なキャッシュが十分には確保できない可能性があるからです。

　営業活動によるキャッシュ・フローが十分かどうかを判断するための財務比率として，キャッシュ・フロー対有利子負債比率があります。

　これは，次式で計算されます。

> キャッシュ・フロー対有利子負債比率（年）
> 　＝平均有利子負債÷営業活動によるキャッシュ・フロー

　有利子負債は，決算日時点のデータが貸借対照表に表示されているので，会計期間のデータである営業活動によるキャッシュ・フローの時間軸を合わせるため，期首と期末の有利子負債の平均を求めます。

　この比率は，会計期間を通して平均的に返済・利子支払の義務のある有利子負債が，営業活動によるキャッシュ・フローによって何年あれば返済できるかを算定したものです。

　比率の値が相対的に小さければ全く問題ありませんが，たとえば，10年を超えるようであれば，安全性の観点からは問題ありです。

　なお，この比率は，決算短信の添付資料として記載することが望まれる財務指標です。

### (2) フリー・キャッシュ・フローによる分析

　フリー・キャッシュ・フローは，次式で求められます。

> フリー・キャッシュ・フロー
> 　＝営業活動によるキャッシュ・フロー
> 　　＋投資活動によるキャッシュ・フロー

　フリー・キャッシュ・フローの「フリー」とは，「経営者が自由に利用できる」ことを意味しています。主たる事業活動から生成したキャッシュ・フローから，企業の将来の発展に必要な投資に要するキャッシュ・フローを考慮した残りがフリー・キャッシュ・フローです。

　なお，「投資活動によるキャッシュ・フロー」は，投資のためのキャッシュ・アウトフローが投資回収によるキャッシュ・インフローよりも大きければ「マイナスの値」，その逆の場合には「プラスの値」になります。多くの場合，「投資活動によるキャッシュ・フロー」はマイナスの値です。

　たとえば，「営業活動によるキャッシュ・フロー」が10億円，「投資活動によるキャッシュ・フロー」が△7億円であれば，

　　　　フリー・キャッシュ・フロー＝10億円＋（△7億円）＝3億円
と計算できます。

　フリー・キャッシュ・フローがプラスであれば資金繰りに余裕がありますから，安全性は確保されているといえます。

　フリー・キャッシュ・フローの最大化は確かに望ましいといえます。

　しかしながら，それだけでは企業活動全体としては最適とはいえません。フリー・キャッシュ・フローをできるだけ多く確保することは，新たな投資の機会を生み出すので好ましいわけですが，資金の配分方法の効率化をはかる側面からは，フリー・キャッシュ・フローが過多になっているとすれば問題です。

## 4 ■安全性の評価

　以上の安全性の分析結果から，安全性の評価は，つぎのようにまとめることができます。

　①静的な分析結果の評価
　　◆短期的には，流動比率・当座比率の2つの指標ともに安全性が優れているかどうか
　　◆長期的には，負債比率・自己資本比率・D/Eレシオ・固定比率・固定長期適合率の5つの指標すべてが安全性に優れているかどうか
　②動的な分析結果評価
　　◆収益性の観点からの安全性は，
　　　・インタレスト・カバレッジ・レシオが10倍を超えているかどうか
　　　・損益分岐点比率が100％以下かどうか
　　◆キャッシュ・フローの観点からの安全性は，
　　　・フリー・キャッシュ・フローが十分にあり，キャッシュの余裕が大きいかどうか
　　　・逆に，フリー・キャッシュ・フローが少なく，キャッシュの余裕がないかどうか
　　　・キャッシュ・フロー対有利子負債比率は，10年未満となってるかどうか
以上を総合して，財務的な安全性を評価することになります。

ACCOUNTING

# 第4部

# IR情報・企業価値

# 第14章　IR情報の開示・分析

　企業は，自社の事業活動，製品，商品，サービス，経営の考え方，経営戦略，将来の事業構想，人事採用など，さまざまな情報を自由意思で情報を公開し，社会に対して自社の理解を求めようとしています。そのために開示するのがIR情報です。

　IR情報はさまざまです。

　本書の第3章ではIR情報の代表例としてアニュアルレポートを取り上げました。アニュアルレポートにも多種多様な情報が記載されていますので，それらの情報から何を読み取るのかについて以下で説明します。

　これ以外に，投資者の意思決定に有用で，かつ，今後の企業の成長にとって欠かせない情報として，つぎの情報などがあります。

- 企業リスク情報・事業リスク情報
- CSR（Corporate Social Responsibility）情報
- 環境報告書・サステナビリティ（持続可能性）報告書・温暖化効果ガス（GHG：Green House Gas）報告書
- ESGレポート

　本章では，これらの情報についても，開示目的，情報内容，情報入手先および読み取ることを説明します。

## 1 ■アニュアルレポートの開示と分析

　アニュアルレポート（Annual Report）に記載されている情報から何を読み取ることができるのかについて，みてみましょう。

　以下では，実際のアニュアルレポートを参考に筆者が仮想した情報に基づき説明します。

　まず，アニュアルレポートの目次（**図表14-1**）をみてください。

**図表14-1**　アニュアルレポートの目次

目次
**トップごあいさつ**
3／社長インタビュー
5／部門長メッセージ
**財務ハイライト**
11／グラフでみる財務状況
12／主要財務指標一覧
**ピックアップ－この1年－**
15／アジア市場ではじける
16／ヨーロッパ戦線異常あり
17／新環境戦略－わが社の
　　エネルギー改革
**実績総括**
19／減収減益の1年

**セグメント情報**
21／セグメント別概要
22／事業の概況と今後の課題
　23：ネットワーク部門
　25：エコ部門
　27：エナジー部門
　31：コンシューマ部門
　33：その他
35／海外地域別の概況
**研究開発活動**
38／研究投資と特許
**知的経営資産**
40／ブランド・マネジメント
41／知的財産の概要

**環境活動**
43／地球環境への負荷低減
　　活動
44／環境コスト
**コーポレートガバナンス**
45／コーポレートガバナンス
　　の状況
50／株式会社の支配に関する
　　基本方針
52／取締役会・監査役会・役員
**財務企業データ**
53／財務報告
56／連結財務諸表
60／株式情報
61／企業情報
63／事業等のリスク
65／四半期財務情報

**（注）**　本章で取り上げる項目に━━を付している。

　アニュアルレポートは，①財務データ（財務ハイライト，財務・企業データ）を基本としながら，②トップ・マネジメントや経営管理者層からのメッセージや企業がPR・強調したいこと（ピックアップ）が明らかにされています。
　②は，有価証券報告書にはみられない記載事項です。
　以下で取り上げるつぎの項目は，企業の将来にも持続する発展の可能性を探るうえで重要な項目です。
　　●業績総括 ⇒ 過年度の業績の特徴・問題点の克服・改善の取り組み
　　●セグメント情報 ⇒ 企業の収益源となっている部門や地域に関する情報
　　●研究開発活動 ⇒ 新しい製商品・サービスの開発の取り組み
　　●環境活動 ⇒ 事業活動による地球環境への負荷を低減させる取り組み
　　●コーポレートガバナンス ⇒ 企業不祥事を予防・摘発する仕組み
　　●財務・企業データ ⇒ 有価証券報告書の情報の要約
　以下，これらの項目について，仮想の記載例を参照しながら，何がわかるかについてみていきましょう。

## 2■業績総括

**図表14-2**では，主な財務指標がグラフ表示されています。

グラフは，いずれも20X2年3月期の数値が前年度に比べて大幅に悪化していることを示しています。

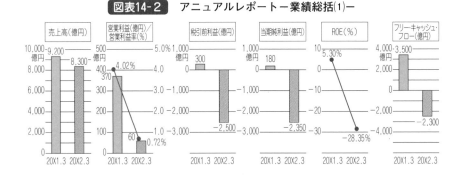

**図表14-2**　アニュアルレポート－業績総括(1)－

売上高の減少が9.78%であるのに対して，営業利益の減少は83.78%もの大幅な減少となっています。

売上高の減少と営業利益の減少との関係をみれば，売上高の減少割合の8.6倍もの減少が営業利益に生じています。

なぜそうなのでしょうか。本書で学習してきたみなさんは，その原因を容易に理解できるのではないでしょうか。

売上高の減少が営業利益の減少，当期純利益の減少となり，その結果としてROEの悪化を招いています。

また，売上高の減少がフリー・キャッシュ・フローの大幅な減少となっています。これはなぜでしょうか。営業利益の大幅な減少と考え合わせれば容易にわかるでしょう。

つぎに，**図表14-3**の事業構造改革についてみてみましょう。

事業構造改革とは，リストラクチャリング（略して「リストラ」と呼ばれて

### 図表14-3　アニュアルレポートー業績総括(2)ー

事業構造改革費用の内訳　　　　　　　　　　　　　　　（億円）

| 内　容： | 早期退職・組織再編 | 固定資産処分等 | のれん減損等 | 合　計 |
|---|---|---|---|---|
| ネットワークス事業 | 10 | 300 | 20 | 330 |
| エコ事業 | 30 | 100 | 60 | 190 |
| エナジー事業 | 110 | 250 | 80 | 440 |
| その他 | 250 | 40 | 300 | 590 |
| 合　計 | 400 | 690 | 460 | 1,550 |

います）のことで，業績が悪化している事業について，ヒトおよびモノの側面
を抜本的に改革することです。

　つまり，ヒトであれば，事業規模に見合った人員数に見直す（余剰人員の配
置転換・早期退職による削減）こと，モノであれば，余剰となった生産設備な
どの整理（他の事業への転用・売却・廃棄による削減）を行うことがリストラ
です。

　図表では，これらのリストラの内容を示し，今後の事業の発展にどう関係す
るかが描かれています。

　合計金額で，1,550億円もの事業構造改革費用を当年度（20X2年3月期）に費
やしていることがわかります。

　さらに**図表14-4**では，将来の発展をどのように模索しているかが示されて
います。

　つまり，今後，重点的に成長させる事業を掲げ，将来の主たる事業の柱とす
ること，およびそれらの具体的な目標が示されています。

　リストラばかりをしても，売上高の回復や増加は見込めませんから，成長事
業をどのように育てるのかが示されているわけです。

　今後，これら3つの事業がその目標を達成できるのかどうか，注目しておか
なければなりません。

**図表14-4** アニュアルレポートー業績総括(3)ー

成長事業 －主要施策と20X2年度目標

| ネットワークス事業 | エコ事業 | エナジー事業 |
|---|---|---|
| ○○○○○○○○○○○○ | ○○○○○○○○○○○○ | ○○○○○○○○○○○○ |
| ○○○○ | ○○○○ | ○○○○ |
| ○○○○○○○○○ | ○○○○○○○○○ | ○○○○○○○○○ |
| ○○○○○○○○○ | ○○○○○○○○○○○ | ○○○○○○○○○○○ |
| ○○○○○○○○○ | ○○○○○○○○○○○ | ○○○○○○○○○○○ |
| ○○○○○ | ○○○○○○○○○○ | ○○○○○○○○○○ |

20X2年度目標：
□前年度比30％増の売上
□東南アジアの事業展開

20X2年度目標：
□前年度比50％増の売上
□製造全業種への展開による営業黒字確保

20X2年度目標：
□前年度比20％増の売上
□エネルギー源の多様化促進

# 3■セグメント情報

セグメント情報とは，すでに第8章で説明しましたが，つぎの事業活動別や地域別などの明細を示す情報です。セグメントとは，たとえば，ピザを切り分けたときのその1つ1つの部分です。

●事業活動（製品・商品・サービス）
●地域
●主な顧客

**図表14-5**では，事業分野と事業分野の商製品・サービス別に，売上高と営業利益のおおまかな概算値が読み取れるようになっています。

また，次年度の見通しについて，売上高，営業利益，当期純利益，ROE，フリー・キャッシュ・フローの財務情報と，$CO_2$削減貢献量の環境情報が，今年度との比較においてどのように変化するかが示されています。

売上高でみると，4事業部門の割合は，40％：25％：17％：10％と開きがありますが，営業利益でみると，37％：24％：17％：15％と事業部門間での差は小さくなっています。コンシューマ事業部門の売上高営業利益率が最も高いことがわかります。

## 図表14-5　アニュアルレポートーセグメント情報(1)ー

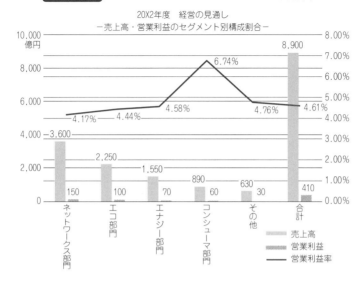

20X2年度　経営の見通し
ー売上高・営業利益のセグメント別構成割合ー

20X2年度　経営の見通し　ー対前年度増減ー

|  | 20X2年度の見通し | 対20X1年度増減 |
|---|---|---|
| 売上高 | 8,900億円 | ＋600 |
| 営業利益（率） | 410億円（4.61％） | ＋350 |
| 当期純利益（率） | 200億円（2.25％） | ＋2,550 |
| ROE | 5.1％ | ＋33.45％ |
| フリー・キャッシュ・フロー | 320億円 | ＋2,620 |
| $CO_2$削減量 | 720万トン | ＋18 |

　図表14-6では，事業部門ごとの過去3年間の売上高と営業利益率の推移が示されています。

　図表14-6を図表14-5と比較すれば，20X2年度（20X3年3月期）の予測が過去3年間の実績による趨勢からどの程度確実かを読み取ることができるでしょう。特に事業別の営業利益がどのように変化するかの予測は重要です。

　セグメント別の今後の成長をみるための重要な資料です。

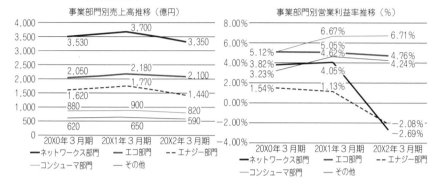

**図表14-6** アニュアルレポート−セグメント情報(2)−

図表14-7 は，売上高の国内と海外の割合の変化，および海外での売上高の地域別の情報が表示されています。

地域をセグメントにした売上高の情報です。

海外での売上高の比率が50％を割り，海外での事業展開を再検討する必要性が示されています。また，海外での地域別での問題点・経営課題が明記されていることもその特徴です。

**図表14-7** アニュアルレポート−セグメント情報(3)−

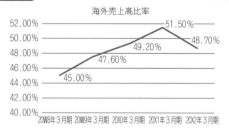

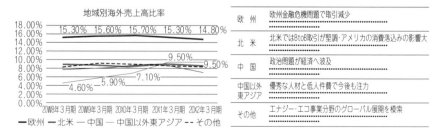

## 4 ■研究開発・環境・ガバナンス

　図表14- 8 では，研究開発投資の状況が示されています。

　研究開発投資は，企業経営にとって重要です。企業は常に新たな商製品・サービスを開発し，市場に投入していくことが成長の鍵となるからです。

　研究開発投資の金額（研究開発費）は 5 年間横ばい傾向ですが，特許の国際出願件数の世界順位では， 3 年間躍進しています。将来に期待できる内容が示されています。

　図表14- 9 は，企業経営の環境活動の側面について説明をしています。

　これは，企業の事業活動によって生じる地球環境への負荷に関する情報です。

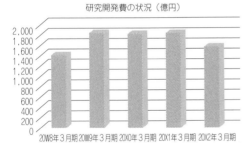

**図表14- 8　アニュアルレポートー研究開発ー**

研究開発費の状況（億円）

特許の国際出願件数による順位

|  | 20X0年 3 月期 | 20X1年 3 月期 | 20X2年 3 月期 |
|---|---|---|---|
| 第1位 | 米国A社 | 米国A社 | ドイツD社 |
| 第2位 | ドイツD社 | 米国H社 | 米国A社 |
| 第3位 | 米国H社 | ドイツD社 | 当社 |
| 第4位 | 日本S社 | 当社 | 中国M社 |
| 第5位 | 当社 | 中国M社 | 米国H社 |

（グラフ横軸：20W8年 3 月期　20W9年 3 月期　20X0年 3 月期　20X1年 3 月期　20X2年 3 月期）

**図表14- 9　アニュアルレポートー環境活動ー**

エコ目標と実績

|  | 20X1年度実績 | 20X1年度目標 | 20X2年度目標 | 20X9年度目標 |
|---|---|---|---|---|
| $CO_2$削減貢献量（万トン） | 573 | 560 | 600 | 2,000 |
| 再生資源投入量（％） | 11.5 | 10以上 | 12以上 | 17以上 |
| エミッション・リサイクル率（％） | 89.4 | 90以上 | 93以上 | 98以上 |
| エコ事業売上高（億円） | 2,100 | 2,200 | 2,250 | 6,000以上 |
| 環境配慮商品比率（％） | 8.7 | 8 | 10 | 20 |

　地球環境を保全し，地球温暖化などの悪影響を次世代に残さないためには，企業の生産活動においても，$CO_2$などの地球温暖化効果ガスの排出量を極力削減したり，資源の再利用を促進する努力が必要となっています。

　この観点から，**図表14-9**は，将来の目標を掲げ，環境への負荷を積極的に減らす姿勢が表されています。

　なお，地球環境への負荷に関する情報は，後述する，CSR報告書や環境報告書などでより詳細に提供されている場合があります。

　**図表14-10**では，コーポレートガバナンスに関する説明が行われています。

### 図表14-10　アニュアルレポート：コーポレートガバナンス

#### コーポレートガバナンスの基本的な考え方

　当社は，「企業は社会貢献を第一の目標とすべきである。」との基本理念を設定しています。この理念を基礎として，当社は，下記に掲げる会社の機関を設け，内部統制を構築するなど，コーポレートガバナンスの体制を保持し，かつ強化しております。

　取締役会では，当社グループ全体にかかわる重要な業務執行を決定し，各取締役の職務の執行の適正を監視しています。また，取締役会とは独立した監査役会を設置し，取締役の職務の執行の適正を監査しています。

　さらに，これらの会社の機関がその役割を十分に果たせるよう，社内には有効な内部統制の機能を徹底すべく，内部統制の仕組みを充実しております。

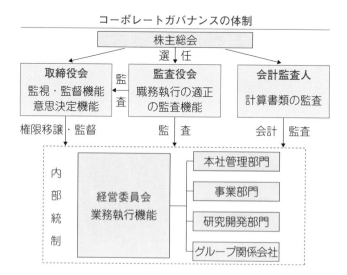

コーポレートガバナンスの体制

コーポレートガバナンスとは，企業が事業活動を行うにあたり，法令を遵守し，不祥事を起こさないようにするための組織的な取り組みのことです。

経営者が暴走したり，従業員が不正を働くことがないように，彼らを監視し統制する仕組みがどのようになっているかが示されています。

事業活動の結果，利益を得るということは，それだけ社会に貢献したという証<ruby>あかし</ruby>です。しかし，利益を得る一方で，違法行為がまかり通っていたなどということは許されません。

このため，「会社の機関」としてガバナンスの仕組みを適切かつ十分に構築し，それが有効に機能していなければなりません。そのようになっているかどうか，**図表14-10**をはじめとする情報によって確認することが大切です。

## 5■財務・企業データ

アニュアルレポートでは，財務情報として連結財務諸表が掲載され，経営成績と財政状態・流動性に関する分析が示されています。

これに続いて，企業データが示されています。

**図表14-11**は，**株式所有者の状況**と**大株主**（より多くの株式を所有している株主）の企業情報です。

企業は，株主の所有物であるという考え方があります。株主は企業に出資をし，その経営を経営者層に委託しています。また，利益が出れば配当金を受け取る権利も持っています。

この意味で，どういった立場の人が株主として多数なのかを知ることは，企業経営上大切です。

仮想例の企業の場合，金融機関等が発行済株式総数の38.6％を所有しており，また，大株主の上位にも銀行・保険会社がいますから，金融機関等を納得させる企業経営が求められるといってもよいでしょう。

また，企業の存続に危機が迫ったような場合には，金融機関等が手を差し伸べることが予想できます。

### 図表14-11　アニュアルレポートー財務・企業データ(1)株式情報ー

所有者の状況（％）

| | 20W8年3月期 | 20W9年3月期 | 20X0年3月期 | 20X1年3月期 | 20X2年3月期 |
|---|---|---|---|---|---|
| 金融機関等 | 33.2 | 35.9 | 37.5 | 39.2 | 38.6 |
| その他国内法人 | 25.1 | 25.3 | 24.8 | 24.1 | 23.8 |
| 外国法人等 | 7.5 | 7.3 | 6.9 | 7.0 | 6.8 |
| 個人株主 | 22.8 | 21.9 | 20.3 | 19.6 | 18.4 |
| その他 | 2.4 | 1.8 | 1.9 | 2.7 | 3.9 |
| 自己株式 | 9.0 | 7.8 | 8.6 | 7.4 | 8.5 |
| 合　計 | 100.0 | 100.0 | 100.0 | 100.0 | 100.0 |

大株主の状況

| | 所有株式数（千株） | 所有割合（％） |
|---|---|---|
| ○○○信託銀行株式会社 | 130,500 | 5.22 |
| 株式会社△△△銀行 | 125,250 | 5.01 |
| FNKFYY Co LLC | 88,000 | 3.52 |
| □□□生命保険相互会社 | 71,750 | 2.87 |
| ◎◎◎生命保険相互会社 | 66,250 | 2.65 |
| 当社従業員持株会 | 53,250 | 2.13 |
| ◆◆◆Bank and Trust Company | 46,500 | 1.86 |
| ▽▽▽信託銀行株式会社 | 32,000 | 1.28 |
| ■■■銀行株式会社 | 31,750 | 1.27 |
| ○△■◎（個人） | 28,250 | 1.13 |

**図表14-12**では，従業員数の推移と社債の発行状況をピックアップしています。

従業員数の国内外別の人数が出ていますが，国内の方が海外よりも多く，6：4の割合になっています。また，この3年間，減少傾向にあります。事業構造改革の一環として従業員数を削減していることが表れています。

社債の発行が比較的大きな規模で行われている状況が示されています。償還

**図表14-12**　アニュアルレポートー財務・企業データ(2)企業情報ー

従業員数（人）

|  | 20W8年3月期 | 20W9年3月期 | 20X0年3月期 | 20X1年3月期 | 20X2年3月期 |
|---|---|---|---|---|---|
| 国内 | 1,702 | 1,603 | 2,317 | 2,219 | 1,977 |
| 海外 | 1,356 | 1,324 | 1,529 | 1,451 | 1,333 |
| 合　計 | 3,058 | 2,927 | 3,846 | 3,670 | 3,310 |

社債発行状況

|  | 回数 | 年限 | 利率 | 発行総額 | 償還期日 |
|---|---|---|---|---|---|
| 無担保普通社債 | 第8回 | 10年 | 年2.105％ | 300億円 | 20Y0年3月10日 |
|  | 第9回 | 5年 | 年1.382％ | 200億円 | 20X6年3月12日 |
|  | 第10回 | 2年 | 年0.548％ | 150億円 | 20X4年3月10日 |

**図表14-13**　アニュアルレポートー財務・企業データ(3)四半期別業績推移ー

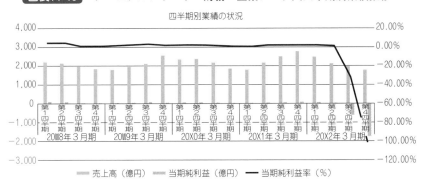

期日と年限のデータからみますと，20X0年3月に300億円，20X1年3月に200億円が発行されています。

　これらの年には，他の会社の子会社化が行われていることが他の情報で示されていますから，それに関連して社債の大規模な発行が行われたことがわかります。

　**図表14-13**は，四半期別の業績推移です。

　これは，3ヵ月間を会計期間としてみたときに売上高（棒グラフ（グレー））

と当期純利益（棒グラフ（赤））と当期純利益率（折れ線グラフ）がどのように変化しているかを示しています。

　四半期の期間で経営成績をみると，予想以上に変動があることがわかるのではないでしょうか。

　企業経営が大海の小船のように大きく揺れていることがわかります。それだけに企業を経営することの大変さを感じ取ることができるでしょう。

　アニュアルレポートにはまだまだ多くの情報が掲載されています。

　有価証券報告書の情報とあわせ，みなさんも調べてみてください。

## 6■企業リスク情報・事業リスク情報

　企業リスクや事業リスクは，企業の将来の発展・成長にとって決して無視できない検討事項です。

　ここでの「リスク」とは，企業の将来の発展に直接影響する不確実な要因のことを意味しています。通常，プラス要因ではなくマイナス要因としてリスクを捉えています。

　企業リスク情報や事業リスク情報（以下，「リスク情報」）は，まさにこのようなリスクに関する情報であって，それを利害関係者に情報提供するために開示されます。

　その情報内容には，つぎのようなさまざまなリスクがあります。

- ●存続リスク
- ●法的・訴訟リスク
- ●経営環境リスク
- ●災害リスク
- ●競争リスク
- ●将来の見通し未達リスク
- ●資金リスク
- ●会計リスク
- ●価格低下リスク　　　　　　　　　　　　　など

　これらのリスクはいずれも企業の将来の業績にマイナスの影響を与えるおそれがあります。

　しかし，マイナスの影響が将来に100％生じるということを意味するものではありません。影響の可能性があるということです。

たとえば，**存続リスク**というのは，決算日時点において，過去３年間以上，大幅な営業損失を計上している事態が発生している場合，経営者が適切な対応策を講じなければ，企業の存続が危ぶまれることになります。

しかも，存続できなくなる，つまり，倒産するのが決算日から１年以内であるとすると利害関係者にとっても大問題です。

そこで，そのような事態が発生している場合，それを企業リスク情報や事業リスク情報として開示し，利害関係者に注意喚起することが求められているのです。

それでは，リスク情報はどこから入手できるでしょうか。

上記の「存続リスク」については，重大な問題ですので，そういう事態があって，存続できるかどうかの不確実性が高いと経営者が判断した場合には，財務諸表の注記として記載されるとともに，財務諸表に対する監査報告書において，強調事項として記載されることになります。

そこまでには至らない場合，他のリスク情報と同様に，つぎの報告書などに掲載されています。

- 有価証券報告書「第２ 事業の状況」の「３ 今後対処すべき課題」または「４ 事業等のリスク」
- アニュアルレポート「事業等のリスク」（必ず掲載されているわけではありません）

リスク情報から何を読み取るかについて，つぎの２つです。

- 企業の将来の発展を阻害する不確実な要因
- 予想されるマイナスの影響の大きさと発生する確率

**図表14-14**は，キユーピー株式会社の2020年11月期の有価証券報告書に記載された「事業等のリスク」の抜粋です。

## 図表14-14　事業等のリスクの開示例

**2【事業等のリスク】**

　この有価証券報告書に記載した事業の状況，経理の状況等に関する事項のうち，投資者の判断に重要な影響を及ぼす可能性のあるものには，以下の表内のようなものがあります。

　当社グループは，これらのリスク発生（顕在化）の可能性を認識したうえで，発生の抑制・回避に努めています。そのためにリスクマネジメント基本規程において当社のリスク管理を体系的に定め，個々のリスクを各担当部門が継続的に監視するとともに，全社的なリスクに関してはリスクマネジメント委員会（リスクマネジメント担当取締役が委員長）で情報を共有し，そのリスクの評価，優先順位および対応策などを総括的に管理しています。また，リスクマネジメント担当取締役は，全社的リスクの評価や対応の方針・状況などを定期的に取締役会へ報告しています。

　しかしながら，当社グループの取り組みの範囲を超えた事象が発生した場合には，当社グループの信用，業績および財政状態に大きな影響を及ぼす可能性があります。また，以下の表内の内容は，当社グループに係るすべてのリスクを網羅したものではありません。

　文中の将来に関する事項は，当連結会計年度末現在において当社グループが判断したものです。

| 事象 | リスク | リスクへの対応策 |
|---|---|---|
| 市場の動向 | 長期にわたり漸次的にその影響が大きくなる可能性がある主なリスクは次のとおりです。<br>・国内人口減少による長期的な市場縮小<br>・野菜価格変動によるマヨネーズ・ドレッシングの販売影響 | 省略 |
| 主要原料の調達 | ・食油調達においては，大豆や菜種の相場，為替相場および需給などの変動による短期，長期的な価格変動リスクにより大きな影響が出る可能性があります。<br>・鶏卵調達においては，突発的な鳥インフルエンザ発生，産卵鶏の羽数変動，長期的な鶏卵の消費動向などによる価格変動および調達困難リスクにより大きな影響が出る可能性があります。 | 省略 |
| 製造物責任 | 異物混入や誤表示など，消費者に健康被害を及ぼす恐れのある製品事故は，大きく影響しかねないリスクとして常に認識しています。 | 省略 |
| 自然災害などの不測の事態 | 巨大台風，豪雨・長雨による洪水や大規模地震などの自然災害の影響が大きくなる可能性があります。それらにより次のようなリスクを想定しています。<br>・製造や物流施設・設備などの破損<br>・原資材やエネルギーの調達困難<br>・操業に必要な人員の不足 | 省略 |
| 新型コロナウイルス感染症 | 感染の拡大，外出自粛や飲食店への営業時間短縮要請，緊急事態宣言によって生活が制限され，事業活動（特に業務用市場関連）で大きな影響を及ぼしています。<br>従業員の感染，事業所でのクラスター発生により事業活動に影響が出る可能性もあります。 | 省略 |
| 人材，労務関連 | 人材，労務に関しては，主に次のようなリスクを常に想定しています。<br>・製造や物流現場の活動を担う人材が不足すること<br>・不適切な労働時間管理，過重労働<br>・ハラスメント | 省略 |
| 海外展開 | 海外展開においては，主に次のようなリスクを想定しています。<br>・脆弱な経営基盤によるトラブル<br>・情報管理の不備による漏洩<br>・模倣品の流通による競争力の侵害およびブランドイメージ毀損 | 省略 |

**（出所）**　キユーピー株式会社，第108期有価証券報告書，16-19頁。

# 7■CSR情報・ESGレポート

　CSR（Corporate Social Responsibility）とは，**企業の社会的責任**のことです。
　企業は，社会の人々が必要とする商品・製品・サービスを提供し，その見返りに利益を上げています。商品等を提供することを通じて社会に貢献しているといえます。
　また，企業は，商品等の提供にあたって，稀少な経済資源を利用していますし，地球環境への負荷を極力削減する努力をしているものの負荷をかけています。
　企業が社会に貢献した証として利益を享受する以上，稀少な経済資源を大切にすることや地球環境を保全することも企業経営には必須と考えられます。
　稀少な経済資源には，従業員が提供している労働力も含まれますから，従業員への配慮も必要です。また，公害を出して地域住民に悪影響を及ぼしてよいことは決してありません。
　そこで，企業が社会にどれほど貢献しているのかについて，つぎの3つの側面での企業の社会的責任を説明し，責任の遂行状況を利害関係者に説明するために作成・開示されているのが**CSR報告書**です。
　　●経済的側面（利益の状況）
　　●環境的側面（地球環境への負荷軽減の状況）
　　●社会的側面（従業員の雇用・福祉，地域社会への貢献の状況）
　これらの3側面は，3つのボトムラインと呼ばれることがあります。財務情報でボトムラインの数値が重要という場合，それは損益計算書のボトムライン（最終行）の当期純利益を意味していました。これと同じで，3つの側面のそれぞれにボトムラインがあるという趣旨です。
　CSR報告書を企業のWebサイトで公表している企業は少なくありませんが，上場会社のすべてではありません。
　なお，3つのボトムラインのうちのE（経済的側面）に代えて，企業の社会的責任としてG（ガバナンス・企業統治）を取り上げ，E（環境），S（社会），G（企業統治）の3つの状況を重視する**ESG**の考え方が重視されています。

グルーバルな投資者は，この観点を重視して投資を行うようになっており，こ
れを ESG 投資と呼びます。ESG 情報をアニュアルレポートの記載事項として
いる企業や ESG レポートを公表している企業が増加しています。

　これらの情報から，企業が3つのボトムライン等にどう対処し，その社会的
責任をどのように果たしているかをみることが大切です。

## 8 ■環境報告書・サステナビリティ（持続可能性）報告書・温暖化効果ガス報告書

　環境報告書，サステナビリティ報告書，持続可能性報告書，温暖化効果ガス
（GHG：Green House Gas）報告書などの情報は，企業の事業活動が地球環境に
どのように負荷を与えているかについて作成・開示されています。

　これらの報告書は，それぞれ名称が異なり，内容も少しずつ異なっています
が，事業活動が地球環境に及ぼす影響とそれをいかに低減させているかの取組
みの状況を説明している点で共通しています。

　たとえば，つぎのような事項が開示されています。

● 事業活動による環境負荷
● 負荷低減の施策・状況
● エコ活動（エコ調達・エコ流通・エコ販売）
● GHG 排出量・減少量

　これらの報告書は企業の Web サイトで入手できます。ただし，CSR 報告書
と同様にすべての企業が作成・開示しているわけではありません。有価証券報
告書やアニュアルレポートにも詳細さは劣りますが，これらに関する情報が記
載されているケースが多くなっています。

　EU 加盟国では，CSR 報告書とともに環境報告書などに記載されている非財
務情報（環境問題，社会・従業員に関する問題，人権尊重，腐敗防止・贈賄，
取締役会メンバーの多様性等）を企業の年次報告書に記載することが義務付け
られており，それがさらに拡充されようとしています。

　たとえば，イギリスでは，環境・食糧・農村地域省（DEFRA と略称されま
す）の発表によれば，ロンドン証券取引所の上場会社は，2013年4月から，年

次報告書の取締役報告において温室効果ガス（GHG）排出量を開示しなければなりません。これは，イギリス政府が2025年までにGHG排出量を1990年比で50％削減することを国際公約としているためです。

　このように，わが国でもこれらの情報の開示が促進されていくことになるでしょう。環境活動に関する情報は，今後ますますその重要性を増していきます。企業が地球環境への配慮にどう取り組んでおり，その成果が着実に出ているのかどうか，利害関係者だけでなく，地球市民全体にとって重要な事項です。

もう一歩進んだ理解のために（12）

## SDGs（持続可能な開発目標）

　これは，外務省「JAPAN SDGs Action Platform」によれば，つぎのように説明されています。

　持続可能な開発目標（SDGs）とは，2001年に策定されたミレニアム開発目標（MDGs）の後継として，2015年9月の国連サミットで採択された「持続可能な開発のための2030アジェンダ」にて記載された2016年から2030年までの国際目標です。持続可能な世界を実現するための17のゴール・169のターゲットから構成され，地球上の誰一人として取り残さない（leave no one behind）ことを誓っています。SDGsは発展途上国のみならず，先進国自身が取り組むユニバーサル（普遍的）なものであり，日本としても積極的に取り組んでいます。

　SDGsの目標は，企業経営とも深くかかわっています。第4章で説明した企業の「統合報告書」でもこの目標への取組み状況が記載されています。

　地球に住む私たちが永続して住み続けることができる世界にするために何をしなければならないかをSDGsが示してくれています。企業経営においてもこれらの目標に対応することが必要になっている，最新のテーマです。

# 第15章 企業価値の分析

## 1 ■伝統的な企業価値の分析

　企業価値を算定する伝統的な評価方法には，純資産評価方法，比準評価方法，あるいは収益還元評価方法などがあります。

　ここでは，貸借対照表の数値を用いる**純資産評価方法**を説明します。

　純資産評価方法による企業価値の算定は，財務諸表のうち，貸借対照表の情報を利用して行います。

　純資産評価方法には，

- 貸借対照表の純資産額（＝資産－負債）を企業価値と捉える方法：**純資産簿価法**
- 貸借対照表の資産および負債の公正価値（時価）を求め，その差額をもって企業価値と捉える方法：**純資産時価法**

があります。

　企業価値を他の企業のそれと比較するために，純資産額を発行済株式総数で割った，1株当たりの価値を求めますから，通常，企業価値の最大化というような場合，企業価値は，1株当たりの価値を意味しています。

　それでは，簡単な設例（**図表15- 1**）で純資産評価方法による企業価値を算定してみましょう。

　図表では，自己資本比率の変化に応じて，簿価による1株当たり価値は，ほぼ比例して変化していることがわかります。

　つまり，図表の例では，自己資本比率が2分の1となったとき（A社とB社の比較），純資産は3分の2に減少し，逆に，自己資本比率が2倍になったとき（A社とC社の比較），純資産は3.3倍に増加しています。

　これに対して，公正価値（時価）による1株当たり価値は，自己資本比率の

**図表15-1**　純資産評価方法による企業価値の算定

|  | A社 | B社 | C社 |
|---|---|---|---|
| 資産（簿価）（千円） | 1,500 | 2,000 | 2,500 |
| 資産（公正価値）（千円） | 3,000 | 3,000 | 3,000 |
| 負債（簿価）（千円） | 900 | 1,600 | 500 |
| 負債（公正価値）（千円） | 900 | 1,600 | 500 |
| 自己資本比率（％） | 40 | 20 | 80 |
| 発行済株式総数（株） | 5,000 | 5,000 | 5,000 |
| 純資産（簿価）（千円） | 600 | 400 | 2,000 |
| 1株当たりの価値（円） | 120 | 80 | 400 |
| 純資産（公正価値）（千円） | 2,100 | 1,400 | 2,500 |
| 1株当たりの価値（円） | 420 | 280 | 500 |

変化とはあまり関係がありません。資産の公正価値の金額的な大きさそのものによって影響を受けていることがわかります。

## 2■3種類の企業価値

上記の伝統的な企業価値以外に，つぎの3種類の企業価値があります。
- ブランド価値に基づく企業価値
- 残余利益モデルに基づく企業価値
- 割引キャッシュ・フロー法に基づく企業価値

これらの詳細は省略しますが，伝統的な企業価値と大きく異なることは，貸借対照表に示される項目の帳簿価額（簿価）や公正価値（時価）だけではなく，それ以外の要因を考慮している点です。

つまり，貸借対照表に表されていないブランド価値，将来残余利益（将来の純利益から自己資本コストを控除）の現在価値，および将来フリー・キャッシュ・フローの現在価値がそれです。

# 3■キャッシュ・フローによる企業価値の分析

　キャッシュ・フローによる企業価値を計算する方法の代表例が，割引キャッシュ・フロー法（Discounted Cash Flow Method，DCF 法）です。

　DCF 法は，会社が将来において生成すると期待できるキャッシュ・フローの総額を現在価値に割り引いた金額を基礎として企業価値を算定する方法です。

　将来に生成すると期待できるキャッシュ・フローとは，将来も現在と同様の事業活動を行うと仮定し，経済情勢の激変がなければ，企業が得るであろう，キャッシュ・インフロー（売上高，利息収入など）とキャッシュ・アウトフロー（売上原価，利息支出など）との差額（フリー・キャッシュ・フロー）です。

　これは，1 年後，2 年後，3 年後，……と永遠に続く年度のキャッシュ・フローをすべて合計したものです。通常は，1 ～ 5 年後のキャッシュ・フローと5 年後以降のキャッシュ・フローとを計算して求めます。

　このようなキャッシュ・フローによる企業価値をイメージとしてとらえれば**図表15-2** のように表すことができます。

　キャッシュ・フローを現在価値に割り引くというのは，現在の100円は，1年後の100円と同じ価値とは限りませんから，将来（たとえば 1 年後）の100円を現在の価値にすればいくらになるかを計算することです。

　たとえば，今日，100円を銀行に預ければ，1 年後には預けた100円と利息 5円との合計で105円になるとすると，今日の100円と 1 年後の105円とは，同じ価値をもっていると考えることができます。

　この場合，1 年後の200円は，現在のいくらの価値と等しいと考えることができるでしょうか。それは，利子率が 5 ％であるとすると，$200 \div 1.05 = 190.48$円と計算できます。すなわち，1 年後の200円の現在価値は190.48円です。

　同様に考えると，2 年後の200円の現在価値は，$200 \div 1.05 \div 1.05 = 200 \div 1.05^2$ $= 181.41$円です。

　このように，将来の価値を現在の価値に直すことを「割り引く」といいます。

　DCF 法の具体的な計算式は，つぎのとおりです。

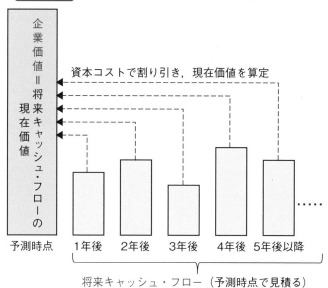

**図表15-2**　キャッシュ・フローによる企業価値のイメージ

企業価値（純資産価値）
　　＝将来フリー・キャッシュ・フローの現在価値の合計
　　　＋非事業用資産の価値
　　　－有利子負債の現在価値

　なお，ここでの企業価値は，株主にとっての企業価値を検討していますので，上式では，非事業用資産の価値を加え，有利子負債の現在価値を引いています。
　DCF法の手順は，つぎのとおりです。
① 将来5年間のフリー・キャッシュ・フローを予測する。
② 5年後以降のフリー・キャッシュ・フローを予測する。
③ 上記2種類のフリー・キャッシュ・フローの現在価値を計算する。通常，加重平均資本コスト（WACC）で割り引く。
④ 非事業用資産の価値を計算する。
⑤ 有利子負債の現在価値を計算する。
⑥ 以上の数値結果を用いて企業価値を計算する。

これらの手順を，つぎのような設例で具体的に計算してみましょう。

なお，**図表15-3**では，上記手順の①，②，④，⑤について，すでに予測あるいは計算した結果を示しています。

**図表15-3**　DCF法の設例

（単位：百万円）

| 年度 | 当年度 | 1年後 | 2年後 | 3年後 | 4年後 | 5年後 |
|---|---|---|---|---|---|---|
| フリー・キャッシュ・フローの予測 | － | 800 | 950 | 750 | 900 | 1,000 |
| 非事業用資産の価値 | 1,500 | － | － | － | － | － |
| 有利子負債の現在価値 | 3,000 | － | － | － | － | － |

**図表15-4**の計算例に従って，加重平均資本コストを3.5％と仮定します。

なお，加重平均資本コストとは，有利子負債や当期純利益に対して，債権者や株主が要求する最低限の利益率を，それらの構成割合で加重し，合計した利益率のことです。

**図表15-4**　加重平均資本コストの計算例

| 事業資金の調達源泉 | 資本コスト（要求利益率）（%） | 構成割合（%） | 加重平均式 | 加重平均資本コスト（%） |
|---|---|---|---|---|
| 借入金 | 3.0 | 30 | 3.0 ×0.30 | 0.90 |
| 社債 | 2.75 | 20 | 2.75×0.20 | 0.55 |
| 株式 | 5.0 | 35 | 5.0 ×0.35 | 1.75 |
| 当期純利益 | 2.0 | 15 | 2.0 ×0.15 | 0.30 |
| 合計 | － | 100 | － | 3.50 |

**図表15-3**において，1年後から5年後までの間の予測フリー・キャッシュ・フローの現在価値の合計（$S_1$）は，

$$S_1 = \frac{800}{(1+0.035)} + \frac{950}{(1+0.035)^2} + \frac{750}{(1+0.035)^3} + \frac{900}{(1+0.035)^4} + \frac{1,000}{(1+0.035)^5}$$

$$= 772.9 + 886.8 + 676.5 + 784.3 + 842.0$$

$$= 3,962.5 \text{（百万円）}$$

と計算されます。

　つぎに，5年後以降のフリー・キャッシュ・フローは，毎年，5年後のフリー・キャッシュ・フローが同じ金額で継続すると仮定します。

　この結果，5年後以降から先のすべての期間のフリー・キャッシュ・フローの合計額の5年後における現在価値（$S_2$）は，

$$S_2 = \frac{1,000}{(1+0.035)} + \frac{1,000}{(1+0.035)^2} + \frac{1,000}{(1+0.035)^3} + \frac{1,000}{(1+0.035)^4} + \cdots$$

$$= \frac{1,000}{(1+0.035)} \left( 1 + \frac{1}{(1+0.035)} + \frac{1}{(1+0.035)^2} + \frac{1}{(1+0.035)^3} + \cdots \right)$$

$$= \frac{1,000}{(1+0.035)} \times \frac{1}{1 - \frac{1}{(1+0.035)}}$$

$$= \frac{1,000}{0.035} = 28,571.4 \text{（百万円）} \qquad \text{（注：無限等比級数の和の公式による。）}$$

と計算されます。なお，$S_2$は**継続価値**とも呼ばれます。この$S_2$は，5年後の数値なので，これを当年度の現在価値に割り引いた値（$S_3$）は，

$$S_3 = \frac{28,571.4}{(1+0.035)^5} = 24,056.4 \text{（百万円）}$$

と計算されます。

　以上の結果，設例の企業価値（純資産価値：株主資本価値としての企業価値）は，

　　企業価値（純資産価値）
　　　＝$S_1$＋$S_3$＋非事業用資産の価値－有利子負債の現在価値
　　　＝3,962.5＋24,056.4＋1,500－3,000
　　　＝26,518.9（百万円）

と算定できます。なお，$S_1$＋$S_3$を事業価値といいます。

　この値を発行済株式総数で割れば，1株当たりの価値として企業価値が計算され，期間比較や他社との比較に用いることができます。

　以上のように，経営者は，財務諸表の数値を基礎としながら，将来キャッシュ・フローを予測し，DCF法によって求めた企業価値を1つの判断指標として，経営戦略や事業計画の設定や事業活動の運営に利用することができるのです。


　以上，本章で取り上げた企業価値の算定方法を図解すると，**図表15-5**のようにそのイメージを表現できます。

　企業価値は，財務諸表のデータ以外のデータを用いて算定をする場合には，いろいろな可能性がありますから，どの方法による企業価値が自己の意思決定にとって有用であるかについてよく確認することが大切です。

**図表15-5**　**企業価値の算定方法のイメージ**

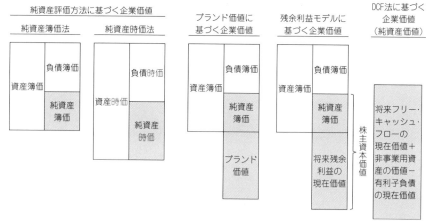

※赤色のスクリーン部分がそれぞれの企業価値を表す。また，各算定方法による企業価値の大きさが上記のとおりとなるわけではない。あくまでも例示である。

# 索　引

【著者紹介】

内藤　文雄（ないとう　ふみお）

1981年神戸大学卒業。1986年同大学院単位修得退学。同年神戸大学経営学部助手，専任講師，助教授を経て，1995年博士（経営学）神戸大学を取得，1997年神戸大学経営学部教授，1999年同大学院経営学研究科教授，2006年神戸大学名誉教授，甲南大学経営学部教授となり，現在に至る。専攻は，企業会計論および監査論。
日本会計研究学会理事・評議員・学会賞等審査委員，日本監査研究学会理事，金融庁企業会計審議会臨時委員・公認会計士試験試験委員，日本学術振興会科研費国際共同研究加速基金審査委員・科研費審査委員（第一次），日本公認会計士協会品質管理審議会会長代理・監査業務モニター会議委員・資格審査委員，環境省環境報告書審査基準委員会委員，日産自動車㈱ガバナンス改善特別委員会委員，日本内部監査協会青木賞審査委員などを歴任・現任。

[主要研究業績]
『監査の質に対する規制』（共著，国元書房，2021年）
『監査・保証業務の総合研究』（編者，中央経済社，2014年）
『財務情報等の監査・保証業務』（単著，中央経済社，2012年）
『分析 利益情報の変容と監査』（共著，中央経済社，2011年）
『財務諸表監査の考え方（改訂版）』（単著，税務経理協会，2011年）
『国際監査基準の完全解説』（共編著，中央経済社，2010年）
『財務諸表論―ミドルクラス―』（単著，税務経理協会，2005年）
『財務諸表監査の変革』（単著，税務経理協会，2003年）
『連結財務諸表監査』（単著，中央経済社，1999年）
『監査判断形成論』（単著，中央経済社，1995年）　　その他，学術論文179編

会計学エッセンス（第5版）

2013年 9月20日　第1版第1刷発行
2015年 1月20日　第1版第5刷発行
2015年10月15日　第2版第1刷発行
2017年 9月30日　第2版第5刷発行
2018年 2月15日　第3版第1刷発行
2019年 1月10日　第3版第4刷発行
2020年 2月20日　第4版第1刷発行
2021年 9月10日　第4版第3刷発行
2022年 3月 1日　第5版第1刷発行
2024年 4月30日　第5版第6刷発行

著　者　内　藤　文　雄
発行者　山　本　　　継
発行所　㈱中　央　経　済　社
発売元　㈱中央経済グループ
　　　　　パブリッシング
〒101-0051　東京都千代田区神田神保町1-35
電話　03 (3293) 3371（編集代表）
　　　03 (3293) 3381（営業代表）
https://www.chuokeizai.co.jp
印刷／昭和情報プロセス㈱
製本／有 井 上 製 本 所

©2022
Printed in Japan